語られた歴史

島津斉彬

安川周作
Yasukawa Shusaku

南方新社

はじめに

二〇一五年七月、『明治日本の産業革命遺産　製鉄・製鋼、造船、石炭産業』がユネスコの世界文化遺産に登録されました。これは八県一一市に分散して立地する二三の構成資産が、「西洋から非西洋国家に初めて産業化の伝播が成功したことを示すものとして顕著な普遍的価値を有する」とみとめられたからです。

そのはじまりは薩摩藩主島津斉彬のおこなった集成館事業です。斉彬は日本を西欧列強の植民地にさせないため、この国を近代工業国家に生まれ変わらせようとしました。

「島津に暗君なし」という言葉がありますが、そのなかでも二八代斉彬は江戸時代をつうじて最高の名君といっても過言ではないでしょう。彼は旧態依然とした幕府を改革すべく活動するとともに、鹿児島に集成館という工場群をつくって近代工業国家の礎を築き、さらには薩摩藩の教育制度を大改革してたくさんの偉人を育みました。しかし、斉彬の藩主在任はわずか七年半というみじかい期間だったことにくわえ、着手したほとんどの事業がゼロからのスタートでした。

江戸で生まれ育ち、藩主就任までに国元に帰ったのはわずか二回だけだった斉彬。その国元にいる藩士の多くは頑冥不霊、つまり分からず屋で頭の固い連中ばかり。じっさい、家老クラスでも他藩と複雑な交渉ができる者はいませんでしたし、藩庁の役人は仕事の能力よりも酒量を競っているような状況でした。そんな薩摩が斉彬の藩主在任期間七年半で近代化のリーダーに変貌したのは、斉彬のリーダーシップと卓越したマネジメントがあったからだと思います。私はそれを知りたくてさまざまな本をあたりましたが、疑問の解決にはいたりませんでした。歴史学者の書いたものは斉彬が成し遂げたことや政治的活動についてはくわしいのですが、私が知りたい「斉彬がどうやってそれを成し遂げたのか」にはふれていません。

たとえば、斉彬が若いころに江戸城内で「斉彬殿が大大名なのは惜しい、小身の大名であれば老中にして国政をつかさどらせたいのに」と言われた話は多くの本に書かれていますが、なぜそのように思われたのかということまで書いている本は、私の知るかぎりでは見当たりません。しかしもとの史料には、斉彬の詰めている城中の大広間席で大名同士のもめごとがあるとかならず斉彬に相談がきて、彼がそれを上手にさばいていたからだと書かれています。

これはつまり歴史学者と、ビジネスマンである私とでは、興味の方向がちがっているということです。私の興味は、斉彬が何をしたかというよりも、どのようにしてそれが可能になったのか、藩士たちは斉彬のもとでなぜパフォーマンスが急上昇したのか、斉彬はどのようなマネジメントをしていたのか…などにあります。

そうしていろいろな『史料』をさがしているとき、面白いものをみつけました。当時斉彬に接した人たちがのこした『史談』、オーラルヒストリー（口述記録）です。そこでは斉彬がいきいきと語られていました。

なかでも明治二二年に島津家が呼びかけて、毛利・山内・徳川（水戸）・岩倉・三条の六家で発足した、明治維新の当事者に話を聞く「史談会」の速記録には、斉彬と親交のあった大名や斉彬側近などの談話が多数含まれています。史談会は参加する大名家を拡大する一方で、内部事情から開店休業の状態となったため、島津・毛利・水戸・備前池田の四家が脱退し、佐土原島津家や熊本細川家などを加えて新たに「温知会」を組成します。そこでの講演を集めた「維新史料編纂会講演速記録」や、徳川幕府旧臣の集まりで語られた講演記録（雑誌「旧幕府」所収）などにも斉彬の話があり、さまざまなところに歴史の語り部たちの痕跡が残されていました。

引用にあたっては読みやすくするため、旧字を新字にしたほか一部の漢字はひらがなで表記し、仮名遣いは現代のものにあらため、句読点と改行は任意として、あきらかな誤字・脱字は修正しました。また（ ）内は著者による注記ですが、原文にあった注記は（原注）と記しています。

斉彬の生涯については、歴史学者たちによって多くの書物が出版されています。斉彬の伝記はそれらにおまかせして、本書では斉彬のリーダーシップやマネジメント、インテリジェンスなど、これまであまり書かれてこなかった部分に注目しました。

学問を軽視し、格式にこだわり、死を恐れないことのみを評価基準としていた薩摩が、どのようにして西郷や大久保をはじめとするたくさんの偉人を輩出するようになったのか。小著がその一端を知るきっかけになればさいわいです。

目次

語られた歴史　島津斉彬

第一章　華麗なる血脈

⊕斉彬は家康の子孫

幕末の名君、島津斉彬は文化六年（一八〇九年）九月に、薩摩藩主島津斉興の正室弥姫《いよひめ》（鳥取藩主池田治道の四女）の長男として生まれました。

島津家は鎌倉時代からつづく名門で、初代忠久は『島津氏正統系図』に源頼朝の長庶子（側室の長男）と記されていますが、現在の学説では頼朝の子供ではないとするのが一般的です。ただ、徳川幕府が編纂した大名や旗本の系図である寛政重修諸家譜にも島津忠久は「頼朝将軍の落胤なり」と書かれていることから、江戸時代においては島津家が頼朝の直系にあたると理解されていたはずです。

母方の鳥取池田家は池田輝政《てるまさ》を祖とする岡山池田家の分家ですが、正室の血を引く本家と異なり、輝政の後室（後妻）に入った徳川家康の次女督姫《とくひめ》の子供の家系になります。さらに、輝政の三男で

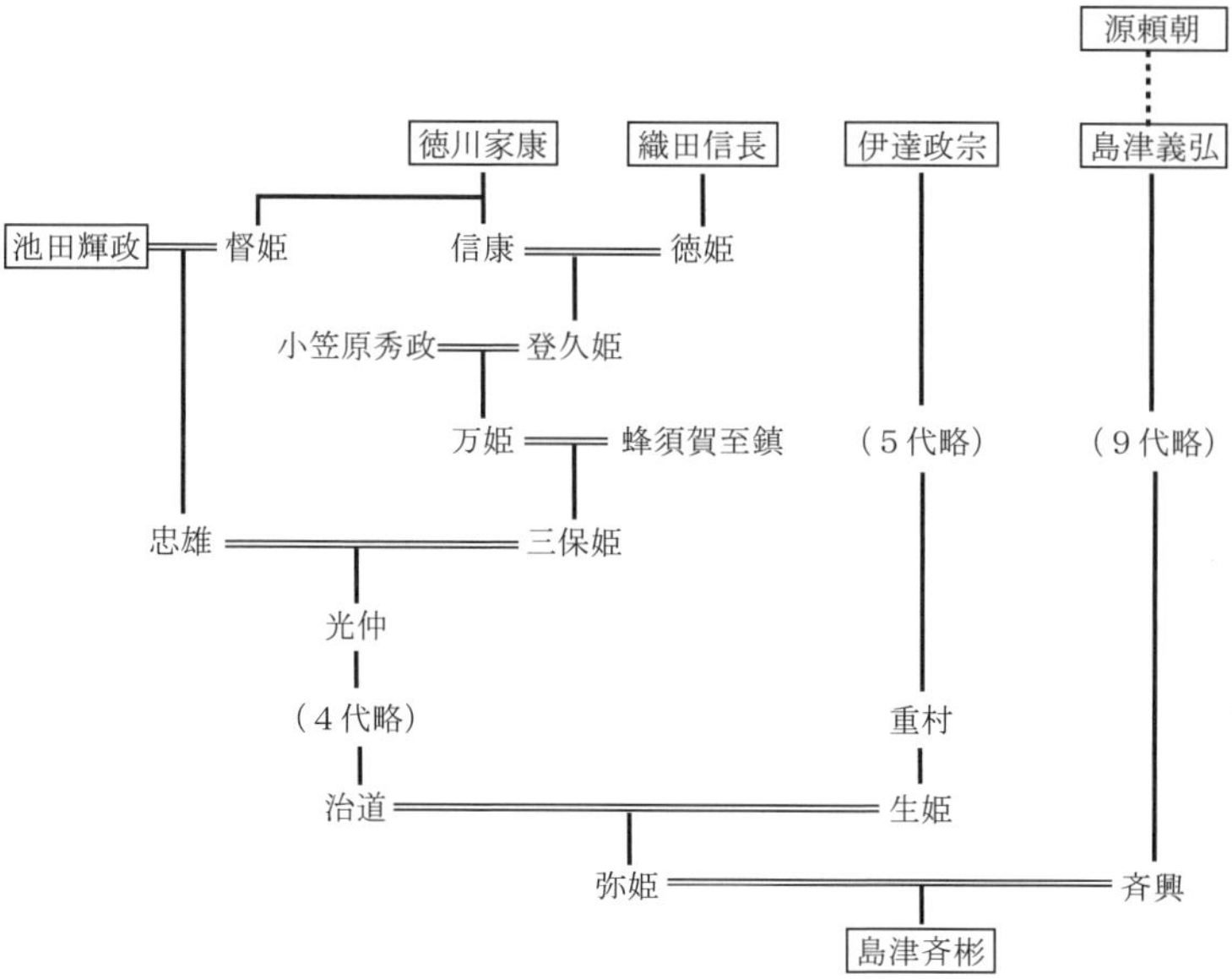

図１　島津斉彬母方略系図

鳥取池田家の祖となった忠雄の正室三保姫の祖母が織田信長の娘徳姫と家康の長男信康の間に生まれた登久姫であることから、斉彬は信長と家康の子孫になります。加えて、母方の祖母生姫は仙台伊達家から嫁いでいますから、伊達政宗の血も受け継いでいることになります。（図1）

つまり斉彬は、図1のように源頼朝の直系で武勇をもって鳴る島津氏の嫡男というだけでなく、織田信長・徳川家康・伊達政宗といった戦国時代のそうそうたる武将たちの血脈にも連なっています。なによりも血筋が重視された封建社会においては、まさに武士の世界の超エリートと目される存在だったといっても過言ではないでしょう。

㊉幕末の有名諸侯はほとんどが親戚

さらに、その血縁をたどっていくと図2のようになります。

幕末の四賢侯と称されたのは、斉彬にくわえて、土佐藩主の山内豊信《とよしげ》（号は容堂）、越前福井藩主の松平慶永《よしなが》（号は春嶽《しゅんがく》）、四国宇和島藩主の伊達宗城《むねなり》の三人ですが、この三人、じつはすべて斉彬の親戚です。

具体的にはこうです。

山内豊信（容堂）　義理の甥（妹である祝姫の養子）、斉彬の一八歳年下
松平慶永（春嶽）　妻の従兄弟、同一九歳年下
伊達宗城　従姉妹の夫、同九歳年下

それだけではありません、

鍋島直正（閑叟《かんそう》）　従兄弟、同六歳年下
黒田長溥《ながひろ》（開明藩主）　大叔父、同二歳年下

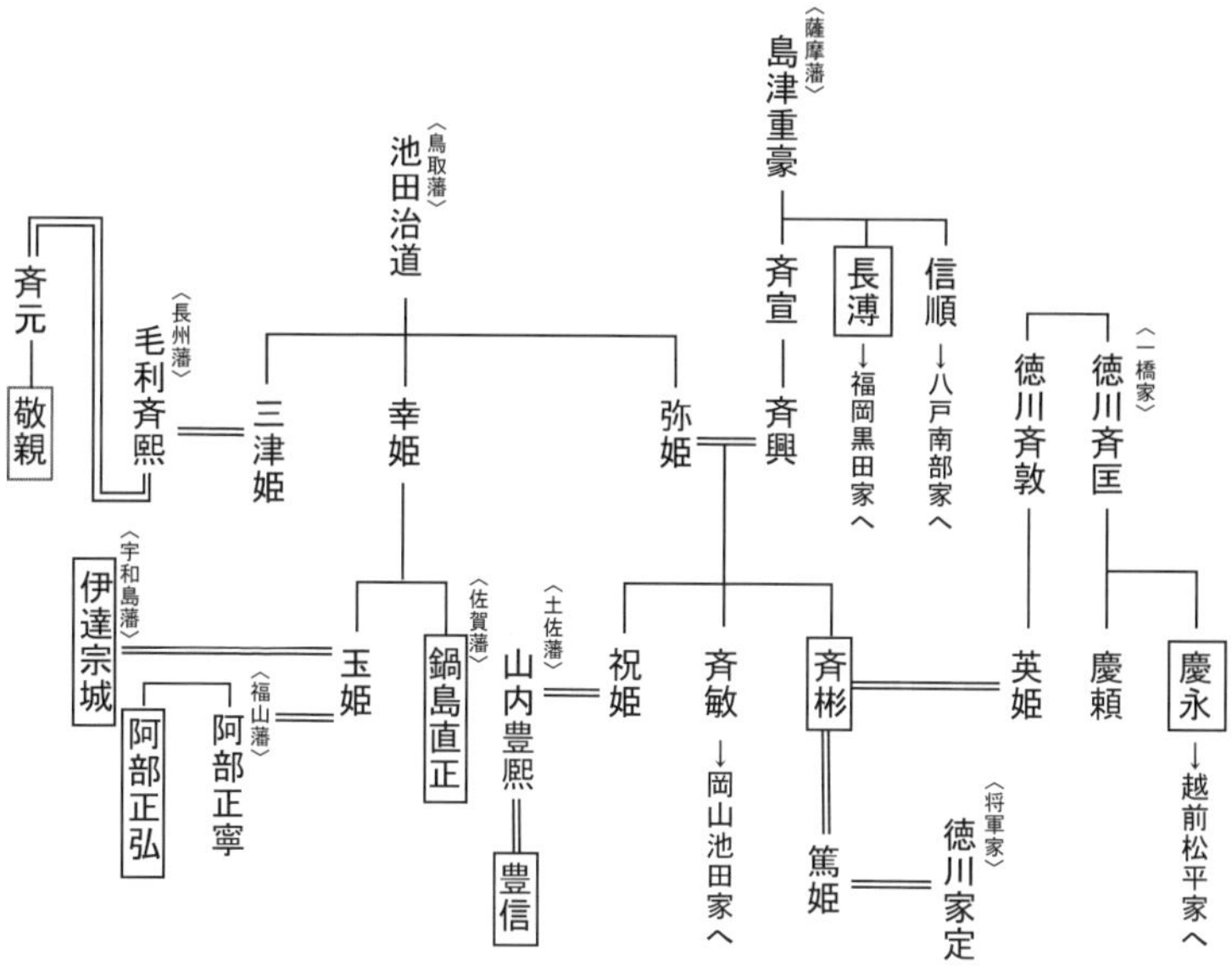

図２　島津斉彬血縁相関図（二本線は養子または配偶者）

阿部正弘（老中筆頭）従姉妹の前夫の弟、同一〇歳年下

毛利敬親《たかちか》（そうせい侯）義理の従兄弟の実子、同一〇歳年下

つまり、幕末のオピニオンリーダーたちは、水戸の徳川斉昭（斉彬より九歳年上）を除くと、ほとんどが斉彬の親戚で、斉彬はその中の最年長者でした。

このような血縁関係も斉彬が活躍できた一助となったにちがいありません。これらの親戚のうち、島津家側は山内豊信と黒田長溥だけで、あとは母方の池田家か妻の実家一橋家の関係です。

斉彬の没後、兄の遺志を引き継いで

幕末維新の中心人物となる弟島津久光（八歳下）は母であるお遊羅の方が町人の出身ともいわれており、正室も島津一族から迎えているため、親戚関係はぐっとせばまります。くわえて薩摩で生まれ育っていますから江戸の人脈もなく、藩主になっていないので官位もなかったことを合わせると、久光の苦労は斉彬よりはるかに大きかったはずです。

㊉斉彬に影響をあたえた二人

斉彬は若いころからその英明ぶりが評判になっており、近習の山口不及によれば斉彬がまだ二一歳になる前のころ、幕閣でも「兵庫頭殿（斉彬）には大名にはおしき人にて候、あれを小身之大名にして御老中になし、天下之国政をつかさどらせ申度事也《もうしたきことなり》」といわれていたそうです。【注1】

というのも、有力な大名が詰める江戸城の大広間席で大名同士のもめごとがあったときにはみなが斉彬に相談にきて、斉彬がそれをさばいていたからです。幕府の役人たちはその様子を見ているので、島津の世子はまだ若いがただの大名とはちがうとの評判がたっていました。それで、「島津のような大大名であるのが惜しい。小身の譜代大名であれば老中にして天下の政治をまかせたいものなのに」といって、幕府の政治に関与できない外様の大大名に生まれたことを惜しんでいたとのことです。

斉彬がそのように優秀な人物になったのは、もって生まれた才能はもちろんですが、子供のころ

島津斉興筆山水画・弥姫筆漢詩（夫婦合作・尚古集成館所蔵）

からの教育も大きかったと思います。若き日の斉彬に強い影響を与えた人、それは母の弥姫と曽祖父の島津家二五代当主重豪《しげひで》でした。

斉彬の母弥姫が島津家に嫁ぐときには、持参した道具のなかにたくさんの本箱があり、四書・史記・左伝などさまざまな漢籍がはいっていて薩摩の役人たちをおどろかせました。自身が学問好きであっただけに子供の教育にも熱心で、ふつう大名家では子供たちの養育は乳母《めのと》にまかせるものですが、弥姫は乳母をことわってみずからの手でそだてました。自身の乳をあたえ、おむつの取り換えもするなど、斉彬の乳児期から養育はすべて弥姫がしたそうです。

斉彬は幼いころから母の手でしっかりと育てられました。将来は薩摩・大隅・日向三か国の太守となるのだからと厳しくしつけられ、六、七歳になると漢籍の素読だけでなく書や絵画、和歌なども弥姫が自分で教えたといわれています。さらに弥姫は仏教の信仰もあつく、仏典にもつうじていました。斉彬の公平無私な性格や度量の大きさは、この聡明で慈悲心ふかい母の愛情あふれる教育があったからこそ培われたのでしょう。

もう一人の重要な人物重豪は、宝暦五年（一七五五年）に一一歳で薩摩藩主となり、天明七年（一七八七年）に隠居するまで三二年のあいだ藩主の座にあって、天保四年（一八三三年）に八九歳で亡くなるまで、じつに八〇年近くも藩をコントロールしてきました。

しかも、重豪の娘である茂姫《しげひめ》（後の広大院）が一一代将軍家斉の御台所であったことから、重豪には将軍の岳父《がくふ》として絶大な権勢があり、住んでいたところの地名をとって『高輪下馬将軍』と呼ばれたり、そのはでな生活や傍若無人ぶりから『薩摩の暴れ隠居』といわれたりしていました。

そんな重豪の性格をうかがわせるエピソードが伝わっています。重豪の驕奢は世間に知れわたっていましたが、それを見かねたある大名が、ほかのことにかこつけて、そっと注意したことがありました。そのとき重豪は何も言わなかったのですが、四、五日後にとつぜんその大名を高輪の藩邸に招待しました。呼ばれた大名が藩邸に行ってみると、重豪が深川の芸者四〇人あまりを大広間にあつめ、畳を将棋盤がわりにし、芸者を将棋の駒にみたてて『活動将棋』の遊びを楽しんでいました。大名はただただあきれるだけだったそうです。【注2】

こんな話もあります。重豪が細川家の隠居左京太夫（八代藩主斉茲《なりしげ》）を高輪の藩邸に招いたときのことです。酒宴がたけなわになったとき、庭の池に二艘の船をうかべ女中に棹をとらせてあちこち乗り回しましたが、このときあらかじめ女中に命じてわざと船をゆらし、桟橋につくときに水がかかるようにさせて、斉茲の煙草入れと着物を濡らしました。斉茲は温厚な君子だったので、女中のいたずらなど意に介さず、船から上がるときに煙草入れの水をぬぐって袂《たもと》にいれました。重豪はこれを見て笑い、座敷にもどってしばらく酒を酌み交わしたのち、

「先刻は煙草袋に池の水のかかりたるよし、御気の毒と申すべし。彼の中より思召次第の品を撰《えらび》取られよ」

といって、侍臣に命じて大きな広蓋（贈り物をのせる角盆）を持ってこさせました。斉茲が広蓋の中をみると、華美な煙草入れや風雅なキセルなどすべて高価な品物とみうけられるものが山のように盛ってありました。熊本藩の財政再建のため倹約につとめていた斉茲は、気の毒という表情をして、重豪の申し出をひたすら辞退したとのことです。

【注3】

彼はまた『蘭癖』（西洋かぶれ）と称されるほど海外の文物、とくに博物学に強い関心があり、イグアナやオラン

島津重豪肖像（鹿児島県歴史・美術センター黎明館所蔵 玉里島津家資料）

ウータンの剥製まで持っていたほどで、そのコレクションを収める聚珍寶庫《しゅうちんほうこ》は国内外の珍しいものを集めた、今でいうと博物館のようなものでした。また、海外の知識を得るために必要となる語学の習得にも熱心で、中国語の辞書や会話文例集を編纂したほか、オランダ人医師シーボルトが江戸に来たときには斉彬を連れて会いにいき、オランダ語を交えながら対談しています。斉彬はこの重豪の影響を強くうけて育ち、海外に興味をもつようになりました。

⊕島津重豪と池田治政

重豪は他の大名との交流もさかんに行い、それまで一族や家臣との婚姻が多かった風習をあらためて、成人した子供たち一四名のうち、次の藩主となった嫡男斉宣と分家を継いだ忠厚以外の一二名を他の大名家に婿入り・嫁入りさせました。【注4】これが先に述べた斉彬のはばひろい縁戚関係をつくる一助になっています。

このような重豪の交流の中で、とくに仲がよかった大名がいました。それが岡山藩主だった池田治政《はるまさ》です。重豪（隠居後の号は栄翁）が『薩摩の暴れ隠居』と呼ばれていたのは先に述べましたが、治政（隠居後の号は一心斎）も傍若無人ぶりではひけをとらず、暴れん坊隠居の東西両大関と称されていました。

治政は重豪の五歳年下ですが、重豪が隠居した七年後の寛政六年（一七九四年）に四十五歳で隠居、文化四年（一八〇七年）に剃髪して一心斉と号しました。豪放な性格で、松平定信が行った寛政の改革の倹約令に従わず、豪勢な大名行列で参勤交代をおこなったり、白昼堂々大名行列で吉原を見て回ったりしたと伝えられています。また、大名でも道をゆずる『御使番』という早馬に乗った幕府の上級役人と出会ったときは、道をゆずらないばかりか、手にした鞭で役人の顔を横から打ちすえ、役人がその無礼をとがめると、

池田治政肖像（林原美術館所蔵）

「我は岡山の城主、松平内匠頭なり」

と大声で名乗ってそのまま馬を走らせて去りました。人々に恐れられていた御使番もこれには胆をくじかれて、

「又彼の乱暴者の悪戯《いたずら》なりし乎《か》」

と苦笑いするしかなかったそうです。【注5】

治政と重豪の交流がいつごろから始まったのかははっきりしていませんが、知り合ったころの面白いエピソードがあります。

それは重豪がはじめて岡山藩邸に招かれたときのことです。重豪を迎えた治政は、庭の中にある門を自ら開け、重豪を案内しながら屋敷に向かいましたが、その際に大胆にも、腰をねじって音

高らかに大きなオナラをはなちました。すると治政の後ろにいた重豪は、すかさず腰に差してあった大扇で治政の尻を力まかせに叩いたのです。さすがの治政もこの不意打ちにはたまらず、

「痛し、痛し」

と叫んで屋敷の中に駆けこみました。そして二人が屋敷に入り、よもやま話に興じているとき、治政は火鉢に寄りかかりながら、りっぱな彫刻をほどこした純金製のキセルを取り出して、重豪に自慢しました。重豪はそのキセルを手に取ってチラッと見たのち、

「大国の諸侯が、斯《かか》る瑣細《ささい》なる一器物を宝とし、誇り顔に人に示すとは何事ぞや」

というと、そのキセルを二つに折って庭に投げ捨てたのです。

さすがの治政も気を呑まれて、すっかり重豪にやり込められてしまい、それからは重豪に心酔するようになりました。その後二人はますます親密になり、ついには莫逆の友となったのです。【注6】

この二人は本当に仲が良かったようで、あるとき治政が重豪に大きな長持を贈ったことがあります。それには手紙がそえてあって、

「一珍物手に入りたれば、御覧に供す、御居間にて御開覧ありたし」

と書いてありました。重豪はその言葉にしたがい、居間に大長持を運び入れてふたを開けたところ、中には真っ赤なちりめんの布団が敷きつめてあり、その間からとつぜん治政が飛びだしました。重豪もこれには驚いて、

「また悪戯に欺《あざむか》れたり」

といったそうです。【注7】子供どうしが戯れているようで、楽しそうな二人の様子がうかがえるエピソードです。

斉彬の母弥姫《いよひめ》は岡山池田家の分家になる鳥取池田家の出身ですが、島津家と池田家のつながりは重豪の時代より前にはありませんでした。治政との親交が深まったとおもわれる寛政八年(一七九六年)、鳥取藩の七代藩主池田斉邦(弥姫の実兄)と島津斉宜の娘(重豪の孫)操姫が婚約します。しかしこの縁談は斉邦が亡くなったために流れてしまいました。【注8】そういうことがあったにもかかわらず、こんどは操姫の兄である斉興と斉邦の妹の弥姫の縁談がすすめられたというのは、島津家と池田家を結び付けたいという両隠居の強い意志が感じられます。栄翁(重豪)と一心斉(治政)という二大暴れん坊の交流がなければ、稀代の名君斉彬は生まれていなかったかもしれません。

第二章　天下泰平の時代

㊉江戸時代のキーワードは天下泰平

江戸時代は戦争のない状態が二五〇年以上つづいた、世界の歴史上まれな平和の時代といわれています。それをあらわすキーワードは『天下泰平』でしょう。いいかえれば『現状維持』、つまり世の中を変化させないことで平和な状態を維持しようとしたのです。そのために、経済成長や利便性向上といった、発展のための施策は放棄されました。

わかりやすい例をあげると、静岡県にある大井川です。「箱根八里は馬でも越すが、越すに越されぬ大井川」とうたわれた東海道の難所です。この川には橋がかけられておらず、船の使用も禁じられていたため、川を渡るには人足の肩や連台に乗るしかありません。雨が降って川が増水すると『川止め』になって渡ることができなくなりました。一週間や二週間の川止めはざらにあったといいますから、旅行者には迷惑な話です。

当時は大井川のような大きな川に橋をかける技術がなかったかというと、そんなことはありません。技術がなかったわけでも、資金がなかったわけでもなく、わざと不便にしていたのです。

海を利用しての移動も同様です。江戸時代の船は底が平らで帆柱は一本だけと決められていました。これでは安定が悪く、逆風では進めず、強風だと危険です。このために、江戸時代の船は順風が吹くまでは動くことができず、『風待ち』といって何日でも待機するしかありませんでした。平安時代は遣唐使を中国に送り、戦国時代は朱印船でルソン（フィリピン）やシャム（タイ）にまで進出していましたから、じゅうぶんな造船技術があったのに、安全で効率的な船はつくらせないようにしていました。

現在の日本は東京への一極集中がすすみ、地方は過疎化になやんでいますが、江戸時代は人や物の移動を困難にすることで人口や産業の集中をふせいで、各地方が現状を維持できるようにしていたのです。

安藤広重「駿遠大井川」（国立国会図書館デジタルコレクション）

職業についても同じです。江戸時代には職業選択の自由などというものはありませんでした。父親の職業を息子が引き継ぐ『世襲』が基本です。とくに武士階級においては、家柄が非常に重視されて、どのポストにつくかはその人の能力ではなく家柄で決まります。これを現代の会社にたとえれば、部長になれるのは部長の長男、課長は課長の長男が代々引き継ぐというのが基本ルールだったのです。本人の能力や努力とは関係なく、どの階層に属する家の何番目に生まれたかということでその人の将来がきまってしまう身分制社会でした。この『能力とポストの不一致』が、江戸時代の大きな特徴です。

⊕江戸幕府の構造

行政組織の代表である江戸幕府の構成を現代の会社と比較してみました。（図3）幕府はその成り立ちが徳川家の家政でしたから、そもそも徳川宗家（将軍家）直属の家臣しか政治に関与することはできません。そして役職も家格できまります。いまの会社だと役員に相当する老中は、関ヶ原の戦い以前から徳川家に仕えていた譜代大名、部課長クラスは将軍に直接目通りできる旗本、平社員にあたるのが将軍に目通りできない御家人です。

会社においては、新人は平社員からスタートして実力次第で課長部長と昇進し、有能であれば役員そして社長になることができます。しかし江戸幕府はそうではありません。御家人はどれほど優秀でも奉行になることはできませんでした。もっとも、幕府の最後にはこのルールもゆるめられ、御家人出身の勝海舟が軍艦奉行に取り立てられています。

ついでにいうと、将軍家に後継ぎがいない場合に将軍候補となる御三家や御三卿、そして徳川家の親戚である親藩の各大名も幕政に関わることはできませんでした。これらの大名はいわばグループ企業のようなもので、本社の経営にはタッチさせてもらえなかったのです。ましてや外様大名となると、ライバルのようなものですから、幕府のやりかたに口をはさむことは一切できませんでした。

つまり、江戸時代の国家運営はごくわずかの固定されたメンバーだけで行われていて、それ以外の人はどれほど才能があってもそこに入り込むことはできなかったのです。

職業についてさらにいえば、父親はひとりですから仕事はひとり分だけ、つまり親の仕事を継げるのは長男だけで、次男以下は長男に万一のことがあったときの控え選手にすぎず、兄が健在であれば、世に出るためにはどこか他家の養子になるしかありません。個人ではなく家が基本ですから、家を継いでいないものは一人前の社会人として扱ってもらえま

	幕府	会社
社内	将軍	社長
	（老中） 譜代大名	役員
	（奉行等） 旗本	部課長
	（平士） 御家人	平社員
社外	御三家、 御三卿、 親藩	グループ 会社
	譜代大名 の藩	系列会社
	外様大名 の藩	競合他社

図3　幕府と会社の対比

せん。次男坊以下はいってみれば生まれながらの失業者で、『部屋住み』『ご厄介さま』などといわれる、文字どおりの厄介者でした。

⊕旧例政治

変化させないことが重要なので、政治においては以前からあったかどうか、つまり『旧例古格』がすべての判断基準になります。この役目をおこなうのはこの家柄にかぎるというだけでなく、これは過去におこなった例があるから大丈夫だが、このようなことは前例がないから認めないということが当たり前とされる社会だったのです。

幕末の志士で、明治になってからは北海道開拓監事や名古屋裁判所長などを歴任した薄井龍之は、

「徳川氏の政治というものは、所謂《いわゆる》旧例政治で、旧例をもって何も彼も処分したものでありまして、旧例のないことは容易に許可を与えなかった。総ての事が旧例を追うて処分を致されたものでありますから、旧例を委しく知て居る人でないと、何程天才でも勤めることが六ケ《むずか》しかった。(中略)それ故に、旧例を能く精通した人ならば、別に卓絶した者でなくても十分勤まったものであります」

「これも矢張り任ぜられる家々が殆ど極って居った。というのは取扱う役向が悉《ことごと》く旧例に委せて致すものでありますから、どうしても旧例を明《あきらか》に心得たる人でないと出来ませぬ」

と語っています。【注1】

つまり、考えて物事を判断するのではなく、先例を知っているかどうかで能力が評価されたのです。となれば、独創性や創造力はかえって邪魔で、家伝のノウハウだけでじゅうぶんにやっていけました。人柄は良いのだが定型業務以外はできない管理職というのは、現代のビジネス社会では高い評価をえることはできませんが、江戸時代なら良い組頭さまだということで部下の信頼を集めていたことでしょう。

⊕西欧列強の進出

しかし、このような天下泰平の時代が終わりを告げるときがやってきました。黒船来航に代表される西欧列強の日本進出です。

一八世紀後半にイギリスではじまった産業革命は世界に大きな変革をもたらしました。蒸気機関を動力とするさまざまな産業機械は工業の生産性を飛躍的にたかめ、蒸気船の登場によって活動できる地域も大きくひろがりました。一九世紀に入ると、農業社会から工業社会へと変化した西欧列強は原材料の供給地と製品の販売先をもとめて、アフリカ・アジア各国をターゲットにした植民地獲得競争にはしりだしました。

アフリカとアジア諸国の中で、列強の植民地となることをまぬがれた国は日本とタイだけです。日本が植民地にならなかったのは、アジアのはしっこで交通の要衝にならなかったという立地の良さと、列強がほしがるような天然資源や生産物がなかったからだという人もいますが、それは大きなまちがいです。黒船でやってきて、日本に開国をせまったアメリカのペリー提督はこう書いています。

「日本には貴重な産物があり、世界のほかの諸国とも通商すべきであることも明らかだった。実際、日本には諸国民の共同体からこのように自らを隔離する権利はなく、もし日本に国際礼譲に服さないものがあれば武力によって排除すべきだと公言してはばからない者もいた」【注2】

また、長崎海軍伝習所の教官として来日したオランダ人海軍士官のカッティンディーケも、著書の中でこのように語っています。

「日本はまさに天国のごとき国であり、幕府が外国人の入国を禁じているのも確かに道理がある。もしエルギン卿が、日本内地を見るならば、彼はその政府に『日本を領有せずには済まされない』と報告するに違いなかろう。我が有力なる隣国（イギリス）がここもと手一杯であることこそ仕合せであるが、おそらく日本にもそのうち悲しみの順番が回り来るだろう」【注3】

エルギン卿というのは、安政五年（一八五八年）に日英修好通商条約締結のために来日した、イギリスの特派使節第八代エルギン伯爵ジェイムズ・ブルースのことです。当時のイギリスは前年にアロー号事件によってはじまった清国との戦争がつづいていたので、カッティンディーケもイギリスがすぐには日本に手を出すことはないが、清のつぎは日本の番だと思ったのでしょう。

⊕日本をひとつに

外国に対抗できるようになるためには、日本全体がひとつにまとまって、近代国家に変わらなければなりません。しかし、当時の日本は幕府と諸藩がそれぞれ別の国であり、お互いに協力も干渉もしない、いわば国内がバラバラの状況でした。前述のカッティンディーケはこう書いています。

「いま日本が治めている制度を革《あらた》めないならば、必ずや後悔することがあろうと思った。（中略）何となれば、日本国内は大小幾多の藩が、互いに独立しているというほどでなくとも、皆嫉視し合って、分かれているような状態であるから、単一の利益を代表するなどということは、思いも寄らぬことである」【注4】

一八四〇年にはじまったアヘン戦争で、東アジア最大の国家とされていた清がイギリスに敗北して国土の一部（香港）をうばわれたことは、各大名も知っていました。しかし現実には、幕府をはじめとしてほとんどの大名は旧態依然としたままでした。

そのようななかで斉彬がやろうとしていたのは日本を列強の植民地にさせないということです。そのためには列強に対抗できる国にしなければなりません。まずは政治ですが、環境の変化に対応できるようこれまでのように譜代大名だけで政治をおこなうのではなく、親藩や外様も加えて有能な人物に国のかじ取りをさせ、オールジャパン体制をつくらねばならないと斉彬は考えました。

もういちど会社にたとえると、自由化が進んで有力な外資系の企業がつぎつぎと日本市場に参入してこようというときに、幕府株式会社の経営をあくまでも旧来のプロパー役員のみですすめようとする現状維持派（将軍家定の後継に、血統がもっとも近い紀州の徳川慶福をおす、譜代筆頭の井伊直弼を中心とした南紀派）と、グループ企業からの抜擢人事や社外取締役制度を導入して難局に対処しようとする改革派（能力が高い一橋慶喜をおす、親藩の松平春嶽や外様である斉彬たちの一橋派）があらそったのが幕末の政局です。

結果はごぞんじのとおり現状維持派が勝ち、改革派は排除されてしまいました。幕府官僚のなかでも優秀な人たちは改革派を支持していましたから、プロパー体制維持の井伊直弼が大老になって安政の大獄をおこなったときに、幕府内の優秀な官僚たちも一掃されてしまいます。

斉彬は安政の大獄がはじまるまえに亡くなりますが、弟の久光が斉彬の遺志を受け継ぎました。

久光は文久二年（一八六二年）に薩摩の兵一千名をひきいて上京し、朝廷の命をえて勅使の大原重徳とともに江戸にいき、幕府にせまって一橋慶喜を将軍後見職に、松平春嶽を政事総裁職（大老とおなじ）に就任させて、改革派の計画がようやく実現することになります。

⊕鎖国論者の主張

日本が西洋に追いつくためには工業化をすすめて国を豊かにし、国力を強化しなければなりません。そのためには貿易によって西洋の進んだ文物を取り入れることが必要でした。薩摩は琉球をつうじて中国との貿易をおこなっていたので、斉彬は貿易のメリットをよく知っています。しかし当時の日本はそうではなく、ほとんどの人は鎖国・攘夷をとなえていました。彼らは、

「本邦五穀金銀を始め万物豊饒他に求むるを待たずして人物其の生を遂《とぐ》るに欠事《かくこと》なければ、数百年の鎖国毫も不足の事を知らず。然るを今鎖鑰《さやく》を開かば、我より出す処は我が有用の物にして、彼より入る処は我が無用の物なり。有用を以て無用に易う、其の害一。彼に出す処多ければ我に有処不足して我用を欠く、其の害二。其の物減し其の用不足する故、其の価大に貴きに至る、其の害三。其の利を得る者は数輩の商賈にして其の害は全国に被る、其の害四。縦令《たとい》物品を金銀に換《かう》るとも、金銀も従来事を欠《かく》にあらざれば、此の上の事は不用にして有用の物を減ずるに替る事なし其の害五なり。

横井小楠（国立国会図書館デジタルコレクション）

目今已に交易の為に物価騰揚して四民共にその害を受て殆《ほとんど》困難に及ばんとする勢也、是交易を開ける害なり」

（現代語訳）

「わが国は五穀金銀をはじめ万物が豊かで、外国から輸入しなくても人々がその生活を送るのに不自由することはないので、数百年鎖国を続けても少しも物に不足することはなかった。それを今きびしい鎖国制度をとけば、わが国から出ていくものはわが国に必要なものであるのに、外国から入るものはわが国には無用のものである。有用のものを売って、無用のものを買うということであって、これが貿易の害その一である。外国に輸出するもの多くなれば、わが国の物資は不足してわが国民の需要に応じきれなくなる、これが貿易の害第二である。物資が無くなって需要に不足するようになれば、当然物価は高くなる、これが貿易の害第三である。それによって得をするものは数人の商人で、その被害をうけるのは全国民である、貿易の害第四である。（物品を売ってもその代わりに金銀をうるから損はしないとの意見があるが、）たとえ物品を金銀に替えたにしても、金銀はわが国でこれまで不足したことはないので、今以上の多くは必要としないから、結局、有用のものを減少するということに変わりはない、これが貿易の害第五である。

現在すでに貿易のために物価が騰貴して、わが国民はすべてその害をうけ、ほとんど困窮におちいらんばかりの情勢である。これはまったく貿易を開いたための害である」

（講談社学術文庫　横井小楠「国是三論」訳は花立三郎）【注5】

といって、外国を排除しようとしました。しかし、相手を上回る武力をもっていなければ鎖国はできないのです。日本は二五〇年以上戦争がなかったのですが、その間のヨーロッパは戦争にあけくれていましたし、アメリカも一七七五年から一七八三年まで独立戦争をしています。産業革命による工業化だけでなく、戦争のための武器も戦法も欧米の方が圧倒的にすすんでいました。リアリストの斉彬はそれがよく分かっていましたから、攘夷を唱える志士たちの考えを「無謀の大和魂」とよんでいました。

⊕工業化のはじまりは集成館から

斉彬は日本を工業国にするためにはまず薩摩からと考えて、磯の別邸である仙巌園に隣接した土地に東洋一となる工場群を建設し、ここを中心に製鉄、造船、紡績、窯業、通信、出版、農具製造など多岐にわたる事業を展開します。そして日本全体を強くしなければ列強に対抗できないと考えていた斉彬は、集成館を各藩が工業化を進めるためのモデル事業と考えており、他藩からの視察をひろく受け入れました。集成館事業について書かれた当時の文献や絵図は、鹿児島ではすべて焼失していますが、他藩の報告書が残っていることで全体像がわかります。斉彬が情報を公開していたので史料が残っているのです。

人工雪を世界ではじめてつくった北海道大学の中谷宇吉郎博士は、斉彬の集成館事業があったから明治日本が近代工業国家の仲間入りできたといって、次のように書いています。

「幕末天下騒然として、安政の大獄だの、井伊大老の死だのを眼前に控え、国中鼎《かなえ》の沸く如き世情を外にして、鹿児島の一隅に於て着着と近代工業の基礎がきづかれつつあったことを知らなくては、明治の国力の充実は理解されないであろう。

ソヴィエトロシアの今日の国力の強大さは、レーニンの政権獲得以来、三十年に亙て科学の奨励と工業力の強化とに尽して来た地味な努力の賜物である。明治維新の大業がその実を結んだ原因の一つには、此の斉彬公の如き人物のあったことを挙げ得るであろう。高楼に酒杯をあげる維新の志士の功績も確かに認められなくてはならない。それは幕府を倒す表面の力であった。しかしそれだけでは近代の強国日本は生まれなかったであろう」

（生活社日本叢書　中谷宇吉郎「科学の芽生え」一九四五年）【注6】

斉彬がつくったこの集成館で働いた人々が明治維新後に日本各地にちらばって、知識や技術を伝えたことにより、日本の工業化が急速にすすんでいきました。まさに中谷博士のいうように、明治日本の工業化は斉彬がいたからできたといえるでしょう。

⊕教育改革

もうひとつ斉彬がおこなった重要なことがあります。それは江戸時代の基本原則である能力とポストの不一致をやめ、優秀な人材を抜擢してその能力にふさわしいポストにつけることです。これは江戸時代をつうじて確立された世襲的身分主義をやめて、能力主義に変えようとするものですが、旧来の門閥階層にとってはたいへんなできごとですから、藩主といえど簡単にはできません。

さらに問題がありました。それは、そもそも当時の薩摩には優秀な人材として他藩に知られているような人がいなかったということです。といっても、下級武士のなかには西郷や大久保に代表されるような、すぐれた素質をそなえた者がいました。そこで斉彬は、「ひとづくり」からはじめ、それが実をむすんで明治期に薩摩から多数の偉人がでてくることにつながったのです。

斉彬はそれまでの薩摩の教育システムを根本から変えました。ひとことでいうと学問で出世できるようにしたのです。従来は上級武士の長男だけが藩校で学び、下級武士の子弟は地域教育である郷中教育によって鍛えられていました。斉彬は、下級武士や次男以下でも学習意欲があるものには機会を与えて勉強させ、優秀なものは藩の役人として採用しました。貧しいが成績優秀な者には『稽古扶持』という奨学金をあたえ、江戸や長崎に藩費留学生をおくりこんで勉強させるなど、学問をするためのさまざまな制度を創設しました。

また、藩校である造士館の教育内容も一新しました。それまでは朱子学オンリーで中国偏重かつ文章の巧拙にばかりこだわっていたものから、日本古来の思想・学問、さらには西洋の学問までくわえた社会に役立つ実学を学ぶ場に変えたのです。郷中教育に関しても、各郷中の掟書をすべて提出させて自ら確認したうえで、礼儀や文武奨励だけでなく筆算の修業までいれたものに改定させました。

学ぶための環境づくりも怠りませんでした。当時の鹿児島城下は武士の不勉強を反映してちゃんとした本屋がなく、易者が副業でやっている小さな本屋が一軒あっただけでした。書物を欲しければ江戸や上方からとりよせるしかありません。そのための費用もかかるので本代がいっそう高くなっていました。斉彬はあらたに書店を開設し、藩で出版した書籍を安価で販売しただけでなく、困窮者には三〇日間無料で貸与し、写本も許可しました。それだけでなく城内に図書館を建てて、蔵書の閲覧や写本を許可しました。

さらに、斉彬は本だけでなく、研究用の品物も貸し与えています。一例としては、藩の砲術師範であった野村彦兵衛に十匁銃を雷管式に改造した銃を数挺試験用としてさげわたしたことがあります。しかし旧態依然とした師範や高弟たちは新しい銃には全く興味をしめさず、放置していました。ただ、門人のひとりであった村田経芳という人物だけが大いに興味をしめし、小銃改良の参考品としてさかんに実験をしたそうです。銃の改良は斉彬存命中にはできませんでしたが、久光の支援をえて元治元年（一八六四年）に新型の後装銃を完成させました。そうして天保山の練兵場で藩主忠義をはじめとする諸役人の前で火縄銃との撃ち比べを行い、圧倒的な強さを見せつけたのです。【注

村田経芳（国立国会図書館デジタルコレクション）

【7】
この村田経芳こそ明治日本陸海軍の制式銃となった村田銃の発明者で、その功績により陸軍少将となり、爵位（男爵）を授けられました。斉彬のまいた種がここでも実をむすんだのです。

第三章　斉彬藩主就任前の薩摩

㊉薩摩に人材なし

斉彬が藩主になったころ、薩摩には斉彬以外に他藩に名を知られるような人材がいませんでした。江戸に留学していた薩摩藩士の中原猶介《なおすけ》が当時の風評として報告したなかに、明君と称される藩主たちを比べたものがあります。それによると、

「即今大小諸侯の中に明君と唱うるは水戸（徳川斉昭）、福井（松平春嶽）、尾張（徳川慶勝）、薩州（島津斉彬）、宇和島（伊達宗城）、佐賀（鍋島閑叟）、岡山（池田慶政）、外に一橋（慶喜公：原注）及び土州候（山内豊信）等、之を九明候と唱う。中に就て我公（斉彬）を以て第一地位に称し奉り、二に水戸、福井、佐賀、宇和島とす。其他はみな混唱して明候と唱う。水戸は臣下に博識の名家多し、補佐を以て其名半ば以上に貴し、福井も然り。独り薩候（斉彬）は

臣下に人なく輔佐なし。薩州には只公一人あるのみ。才あり器あり、創業守成両《ふた》つながら兼備の君なり」

（島津斉彬言行録、カッコ内の大名名は著者補記）【注1】

とあって、藩主をのぞくと薩摩に人材がいないというのは当時ひろく知れわたっていました。そうなった原因のひとつは武骨であることを重んじて学問を軽視する風潮が薩摩にあったことです。これは戦国時代の遺風が残っていたためともいえます。

島津義弘肖像（尚古集成館所蔵）

薩摩の侍たちから神のごとくしたわれた戦国時代の猛将島津義弘（島津家一七代）は、平時には無礼・無作法であってもいざ合戦の時となれば死をおそれずに戦う、薩摩の言葉でいう『ぼっけもん』を高く評価していました。そしていざというときに主君のために平然と死ぬような家来を育てるため、日常の主従の交わりを親密にし、身分上のわけへだてをなくすように努めています。朝鮮出兵のとき、義弘主従は寒さをふせぐために長囲炉裏をつくり、主従のへだてなく火にあたって暖をとっていたそうです。

これを知った加藤清正が、そのような親密な主従関係こそ薩摩兵が強い理由だとかたったのは良く知られています。

薩摩兵の強さをさらに有名にしたのは関ヶ原の戦いです。西軍に属した義弘は、戦いの最中はまったく動かず、西軍の負けがきまってから、正面に布陣した徳川家康の本陣に向かって突進し、その横をすりぬけて戦場を脱出しようとしました。しかし家康とて黙って通すわけがありません。徳川軍団最強といわれた本多忠勝と井伊直政に命じて義弘たちを追撃させます。薩摩兵の死にもの狂いの戦いはここからはじまりました。史上名高い『島津の退き口』です。関ヶ原にいたおよそ一五〇〇人の軍勢のうち、義弘とともに薩摩にたどりつけたのはわずか八〇人ほどでした。このとき薩摩兵たちは有名な『捨てがまり』の戦法をとったともいわれています。これは最後尾の兵が数名ずつ残り、敵を防ぐ盾となって徹底抗戦するという自爆テロのような戦い方で、これらの兵は当然全員殺されますが、彼らが時間をかせいでいるあいだに本隊は敵兵から離れることができます。これを繰り返すことで、大将の義弘を逃がすのに成功したというのです。実際にはそのような戦い方をしたことを立証する史料は残っていないのですが、そう伝えられるほどのすさまじい戦いぶりであったことは間違いありません。この壮絶な退却戦は薩摩兵の強さをあらためて天下に示すこととなり、義弘手勢の一五〇〇人だけであの戦いぶりなら、薩摩に残っている義弘の兄義久（一六代）の本隊三万人と戦えばどのようなことになるか、家康といえども考え込まざるをえなかったはずです。それが西軍に加わった武将のうちで、唯一島津家だけが石高を削られなかった理由かと思います。

義弘は人の姿かたちは国の風儀であり軽薄な他国のまねをすれば薩摩も弱くなってしまうと考え、「田舎者は田舎者らしきがよし」として、薩摩から都にのぼる者に国風を守るとの誓詞をとっていたほどです。その結果、薩摩ではいつまでも戦国の気風が残ることとなりました。

㊉重豪の国風改革で隠密が潜入

薩摩のこのような国風を改革しようと試みたのが、先に述べた斉彬の曽祖父重豪《しげひで》です。彼は薩摩侍の他国に通用しない言語や粗野で不敵な風貌を変えさせようとして、大改革を行いました。当時の薩摩の習俗はほとんど義弘時代のままで、京大坂や江戸の洗練された文化とは隔絶したものでした。重豪は前藩主重年の嫡男ですが、重年がまだ分家にいた時代に生まれたので一〇歳になるまで薩摩で育ちました。重豪が世子となって江戸にいったときのことを、旧薩摩藩士で史談会会員の市来四郎がこう語っています。

「重豪公は世子となられて江戸に御出になって、大広間の大名方の御交際も初められて、其時分は御大名中の御交際は甚だ放逸なものであったそうですが、言詞が薩摩唐人とか或は芋武士とか云われたことも毎々《たびたび》あったそうです。夫《そ》れが御残念で言行共に御研究なされ、元来英邁機敏でござりますから、直ちに衆に抽んでられたそうです。そこで、政務万端野鄙な国風を一

変して、江戸風にしようと云うことになりまして、種々なことに御手を付けられたそうです」【注2】

つまり重豪が江戸城中で鹿児島弁を馬鹿にされたことがそもそものはじまりです。そこで彼は、薩摩の野蛮な侍たちをファッションの最先端である江戸や上方並みにするのは無理かもしれないが、せめて九州標準くらいのレベルまで進化させて、他国から冷たい目で見られないようにしたいと考えました。

しかし、薩摩にいるかぎり他国の様子を知ることはできません。かといって、すべての侍を他国視察に行かせることも無理です。そこで重豪は、他国人の薩摩への入国を自由にして、薩摩の国内で他国の洗練された文化に触れさせようとしました。

重豪は上方から芝居や相撲、芸妓までも大いに招き、舟遊びや花見も奨励します。これらは薩摩のひとびとに大きな刺激をあたえるものでしたが、その結果は重豪の望んだ文化的向上をとおり越してしまいます。遊びの楽しさをおぼえた武士たちによって薩摩の士風は急速に軟化し、文化人はふえずに蒙昧で軽薄な侍が増加してしまいました。

その前後のようすについて、同じく史談会会員で市来の甥にあたる寺師《てらし》宗徳《むねのり》はこう語っています。

「天保の初年頃に鹿児島に隠密が這入って、悉皆三年の間探偵をされて仕舞ったことがある。それは重豪と申し隠居して栄翁と申した人の時代でございました。其人が一門家から這入った人で、調達豪奢の処から都風のことが大好きで、鹿児島の粗暴なる田舎風が嫌いで、それで種々な改革をした人でございます。士族に令を下して髪刷の明きを何寸にせしむべしとか、羽織は紋付きで夏も夏羽織を着よとか、そうして言葉を都言葉にせえとか種々改革をしたことがある。其際に風俗が変らぬからと云う為に芝居を許されました際に、役者の中に這入って居ったという話です。又芸者等も入れました。その生立《おいたち》を段々穿鑿して見ますと、大坂の同心の娘とか、八丁堀の何とか云う然るべき所の女房や子供が居ったのです。後日事発露した暁に皆屋久島という所へ島流しをしたのです。それから男は皆追帰して仕舞った。或は又殺されて仕舞ったものもあると申します。

その役者の中で梅吉と称える人気役者で座頭《ざがしら》が居ったそうです。其梅吉だけは発露の前に帰り去って翌年になって長崎奉行になって来た。長崎奉行の何とか云う人ですよ、それが鹿児島の藩政のことに付いて琉球や何かに関したる内密のこと

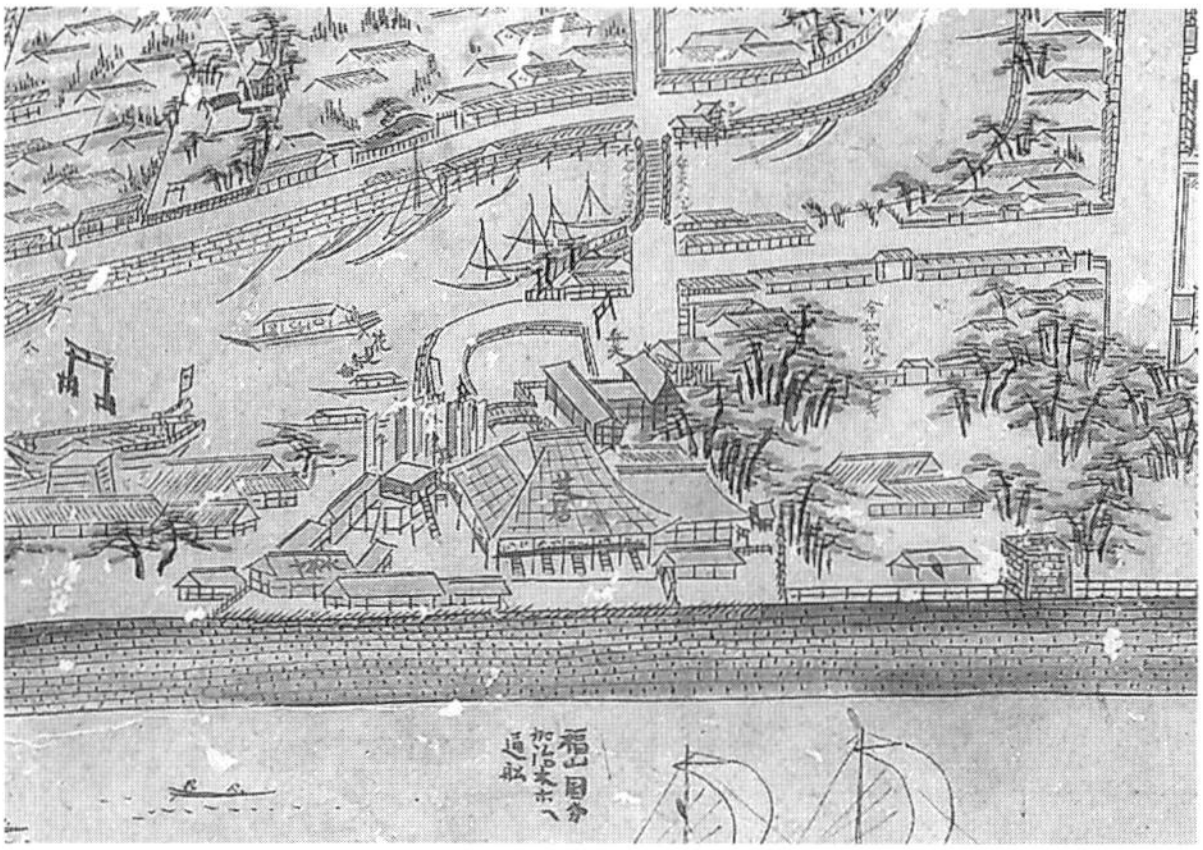

芝居小屋（現鹿児島駅・石橋公園辺り）（天保年間鹿児島城下絵図〈部分〉鹿児島市立美術館所蔵）

を調べた。ソコで長崎の留守居と云う者が例の如く胡麻化して済むものと思いてやり掛ったが、中々精《くわ》しい。段々探索をして見た所が、昨年まで来て居った梅吉という奴だということが分った。それで留守居が申訳立たず責を帯びて切腹して死んだから、程宜い所で話が付いて仕舞ったのです。それからは鹿児島に他国人を一切入れぬという厳命を施いたのです。それが他国人禁制の原因になったのでございます」【注3】

留守居役が「例の如く胡麻化して」しまおうとするのは面白いし、長崎奉行になる人が役者に扮して薩摩にはいりこむなどという話はテレビドラマになりそうです。時代劇でおなじみの遠山の金さん（遠山景元）の父遠山景晋《かげくに》は長崎奉行でしたので、この梅吉が景晋であればよかったのですが、残念ながら彼が長崎奉行だったのは天保（一八三〇年～一八四四年）より二〇年程ほど前の文化九年（一八一二年）から一三年まででした。

いずれにせよ、この騒動で薩摩はふたたび国内鎖国の状態にもどり、文化水準向上は遠のきます。

⊕重豪の文化政策も効果は少なかった

重豪はさきに述べた出版だけでなく、藩校造士館をはじめ、武道をおしえる演武館、医師を養成する医学院や薬草園、暦をつくるために天文学を研究する明時館（天文館）などの文化施設も建てて薩摩の文化レベルを上げようとしましたが、藩士のほうは重豪の期待にこたえることができませんでした。
それを物語るひとつのエピソードがあります。それは斉彬が藩主に就任したときのことですが、藩政改革の通達を用人に書かせようとしたら『改革』という文字を知らなかったので、斉彬はそれを非常になげいたそうです。薩摩藩誠忠組の一員でのちに子爵になった岩下方平はそのころのことを、「改革ということを知らぬ者はないでもないが、家老などが知らぬので、知る者は用いられぬ」と語っています。【注4】会社にたとえると、社内に優秀な社員はいるのだが、幹部連中が自分たちの立場を守るために登用しなかったということです。

また、斉彬につかえて集成館事業にたずさわった市来四郎も、斉彬の父斉興時代の薩摩について、

「薩摩は元来武断主義の所でござりまして、文学は甚だ拙うござります。私などが十七八、二十計りの時分は学問を為るには友達などには隠して学ぶと云う様な風習で、幼年の者を教育するには、青表紙（書物）を担ぎて軍《いくさ》が出来るものでないと、学問を卑しめ、只管《ひたすら》に君公の馬前に討死するを本分だと云う様な風習でござりました」【注5】
「ケ様な名分も何も分らぬ輩が藩庁の右筆《ゆうひつ》（書記官）でござりましたから、其他の事百事知るべしでござります。実に名分も何も訳の訳からぬ話で、酒を飲むことと首座の者の鼻息を伺うことの外はないと申程のことで、そんな輩が政務の取扱をも致しましたから、何ごとも知るべきでござります」

市来四郎（東京科学博物館編『江戸時代の科学』尚古集成館所蔵）

と話しています。【注6】

市来の話はオーバーな言い方になることがときどきあるので若干差し引いて聞くとしても、行政機関をはじめ藩全体の知的レベルがあまり高くなかったことは事実で、藩庁の役人からして知的レベルを競うというよりも飲酒レベルを競っていたような状況でした。藩内の過度の飲酒については斉彬の父斉興もこれを強く戒めて、『酒食の会』や『勝負事』を禁止しています。当時は『ナンコ』といっておたがいが手の中にもっている短い棒の数を当てるゲームがさかんで、負けた方が酒を飲むというルールのため、ついつい暴飲することになり、命にかかわることもあったようです。

当時の書物にはこの勝負事について、

「実に野蛮の風習にして、是が為め遂には身体衰弱、命を損ずるもの往々寡《すくな》からず。中にも御家老座筆者の如きは、諺に酒呑の稽古を第一とすと云う程の風習なりき。従て各局も之に習て暴飲を栄とし、誰某は幾干を呑むと互に誇るに至れり」

と書かれています。【注7】家老座というのは家老のもとで政策を取り扱うセクションですから、会社に例えると総合企画部のような中枢部署です。そこのスタッフの最優先事項が『酒呑みの稽古』で、他の部署もみなそれにならって、仕事の能力ではなくどのくらい酒が飲めるかを競っていたという状態です。

市来はさきほどの話につづけて、「嘉永安政の年代に及びまして、斉彬の時には骨折て此の蒙昧の風潮を返して、大義名分を唱うるの時世となりましたのでござります」と述べ、斉彬によってこの粗野な体質が変化したことを説明しています。知性より酒量という文化を転換させるための苦労はたいへんなものだったにちがいありません。しかし、それによって薩摩のサムライたちが明治維新の主役になれたのです。

第四章　斉彬の人物像

伊達宗城の斉彬評

斉彬はどんな人だったのでしょうか。交流のあった人たちはいちようにその人柄をほめていますす。たとえば伊達宗城は明治二一年一二月に伊達邸を訪問した寺師宗徳の「順聖公の御性質如何」という質問に対して、こう答えました。

「右に答うるは予の尤も困難するところなり。抑《そもそ》も公は古今比類なき御方にして、筆にも口にも公の御行状を申述べ難し。今日に至るまで七十余年、衆多の人にも接したるも、未だ曾て公の如き度量広大にして和気円満の方を見しことなし。一言を以て申せば、常に和気如春とも称すべきか。更に形容の辞《ことば》なし。

永き間内外煩雑の事柄も多く、憂患並臻《ならびいた》る時会も少なからざりしも、一度も愁色鬱屈あらせ

伊達宗城（福井市立郷土歴史博物館所蔵）

られたることを窺いしことなし。一時御内情混雑（お遊羅騒動）の際は、予の如き余人でさえ甚だ憂懼《ゆうく》（心配し恐れる）に堪えざる程のことありて、公の御内心如何計り困苦し給わんと察し上ることもありしも、公は更に表面色に現させられしことなかりき。之れ度量広大にして万事を容納し、且つ瑣事に屈撓《くっとう》せざるの胆略あらせらるるに由るものならんか。

此の如く人を呑むの気概に富せられしも、決して独断専恣の挙動なく、用意慎密なり。少しく重事となれば必ず予等始めへ御相談あり、決して一己の専決に任せられざることなりき。乃ち人を信任して約を違わさせられず、真に人をして感銘己を忘れざらしむるの徳望あらせられたり。

今日に至り尚お公の徳望を懐《おも》い寤寐《ごび》（ねてもさめても）遺忘せざるは、公の度量の広大にして、信任の深厚なるとにあり。実に折に触れては、今日の人をして親しく公に会せたしと思うことあり。之れ口舌のよく形容すべからざる故なり。今日にても御会せば公の徳望を愛慕せざる者はなかるべしと思えり」【注1】

宗城が見た斉彬は「和気春の如し」でつねに明るくふるまい、かつたいへん包容力のある「度量広大」な人物です。それでいて慎重で、なにごとも周囲の意見を聞いて行動し、他人を信用して、約束をたがえることは絶対にしない。その魅力は口では説明できないので、今の人たちも斉彬に会わせたい。会えばみな斉彬を慕うようになるだろうと語っています。

常に明るくふるまうというのはリーダーとして非常に大切なことです。筆者は先輩である某銀行の元頭取から、金融危機で銀行の経営が危うくなったとき、部下に不安な表情を見せないように、毎朝鏡のまえで笑顔の練習をしてから出勤していたという話をきいたことがあります。社長が不安な顔をしたりイライラしていたりすれば、社員は敏感に反応して、仕事のパフォーマンスは低下します。逆にトップがいつもゆったりと構えていれば、部下は将来のことを心配せずに働くでしょう。度量広大にして和気円満な斉彬の下で、藩士たちは安心して仕事に精をだしたに違いありません。

⊕松平春嶽の斉彬評

もうひとり、斉彬と非常に親しかった松平春嶽も、明治二二年五月に松平邸を訪問した島津家の記録編纂係市来四郎と寺師宗徳および家令東郷重持に対し、斉彬の思い出をこう語っています。

「斉彬公は予の親く御交際を致せしを以て、公の人となりは詳《つまびらか》に承知せり。実に公は非凡の御方にして、一口に申さば古今稀なる御方と申すの外なし。思うに今後といえども又、公の如き人物はなしと申すも宜しからん。御行為と云い御談話と云い、今日に至り益々感を深うするの思いあり。

松平春嶽（国立国会図書館デジタルコレクション）

又公は御学問は浅かりしやに聞き、又思いたる事あり。然れども聞く所によれば、公は常々夜陰に乗じて研学ありしとも承れり。又感心して措かざるは、公は仮令《たとい》学問あらせらるとも、之を人に表白するが如きことを為されず、胸間十分に知了せらるるとも漫に之を言外に出すが如きことなかりしと思えり。故に公の学問は必ず並々ならざりしを知る。

又公の御書面等は字体も温柔にして強堅ならず、恰《あたか》も婦女子の書に似たり。文体も平易なれども、克《よ》く其旨義を尽させらるは反《かえ》す反《がえ》すも感服の外なし。文義簡略にして意味尽せるは凡人の及ばざる処なりと思う。

又古《いにしえ》より明君の事績尠《すくな》からざるも、斉彬公の如きは例《たぐい》なき方なりと予は思えり。往時明君の亀鑑とも云うべき白河楽翁公にも遥かに優る所の御行跡ありし方と信ぜり」【注2】

春嶽は斉彬の学問が浅かったと言っていますが、幕末の頃の話を読んでいると「学問」というのは中国古典の知識をさすようです。斉彬も子供のころに漢文の教育を受けているものの、関心は西洋に向けられていたので、春嶽からはこのように見えたのでしょう。

じっさい斉彬は博覧強記でしたが、春嶽が言うようにそれをひけらかすことはありませんでした。また、斉彬の手紙はわかりやすい簡潔な文章でありながら、内容を

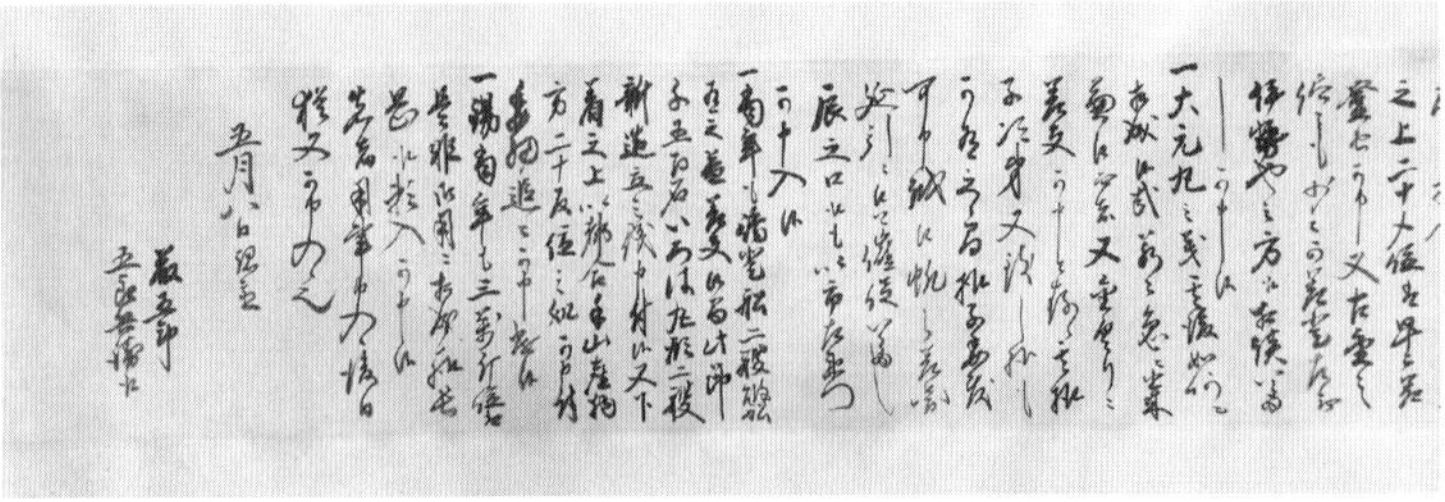

島津斉彬書状（早川五郎兵衛宛）　尚古集成館所蔵

的確に表現していたことにも感心しています。女性のように優しい文字であったというのも、斉彬の性格をあらわしているようです。名君の代表のように見られていた白河楽翁、つまり寛政の改革をおこなった松平定信とくらべて、「遥かに優る」というのも当時の雰囲気がわかって面白いところです。

宗城が「度量広大」と評したとおり、斉彬は他人のすぐれたところは率直にほめました。春嶽もこのように語っています。

「反射炉を御設ありし御話に、反射炉は佐賀家（鍋島家なり：原注）に及ばず。佐賀は寔《まこと》に克《よ》く成功したり。且、炉を造るにも佐賀には宜しき土類もありて、実は之を貰受けて稍《ようや》く成就したりとて頗る同家の成蹟を御賞讃ありぬ。此等も一寸としたることなるも、他の美を蔽わず我が拙を隠さざる御心情感ずべきことなり」【注3】

薩摩の反射炉は佐賀藩がつくった図面にもとづいて築造されました。また、燃焼室にもちいられた耐火レンガは、はじめは薩摩藩内に

反射炉復元模型　仙巌園内世界遺産オリエンテーションセンター

ある土を使ったのですが、うまく焼成できず、天草の土をつかってようやくできました。斉彬は薩摩の反射炉を自慢するのではなく佐賀をほめ、耐火レンガも佐賀の土をもらいうけたからできたと感謝して佐賀を賞賛しました。その素直な態度に春嶽は感銘をうけたのです。

じっさい、薩摩の反射炉は佐賀のおかげで造ることができたといえそうです。春嶽の話を聞いたあとで、反射炉築造の責任者でもあった市来四郎が、「佐賀侯より教師二名御雇入となり、終に築造成さる」と語っていますから、現地指導も受けていたことがわかります。

⊕身の回りのものは質素だが、必要な事業資金は惜しまず

松平春嶽は斉彬の衣服や持ち物が質素だったことにも触れています。

「順聖公は平素誠に質素の御方にて、少しも豪奢を誇るが如きことあらせざりき。其一例を挙れば、公の携え玉う煙管の如きは黄製（黄銅＝しんちゅう製、庶民が使う安い品物）のもの

の外見たることなし。大概大名などの用ゆるものは銀製、紫銅（青銅の一種で紫がかった高級品）等なりしも、公は更に黄銅製の外持たれたることを見たることなきには感服したり」【注4】

現代におきかえると、ほかの大名が高価なブランドもののライターを使っているのに、斉彬はつねに百円ライターだったという感じでしょうか。

幕末に長崎で西洋医学を教えたオランダ人医師ポンペも、斉彬が亡くなった年の安政五年（一八五八年）、勝海舟といっしょに咸臨丸で薩摩をおとずれたときに船を見学に来た斉彬一行についてこう記しています。

「われわれがまことに奇異の感を受けたのは、侯もその従者も衣服の大変簡素なことだった。侯はぜいたくをもっとも忌み嫌った。侯の風貌はまことに人好きのする風貌だが、同時にきびしい人のように見えた。私はその年齢を五十五歳以上と見たが、実際は十歳ほど余計に数えすぎていた」【注5】

ポンペたちオランダ人は、長崎にあった海軍操練所の学生たちの練習航海を指導するために同乗していました。かれらは薩摩に到着するまえに下関で江戸に行く肥後藩主細川斉護の大名行列に出会って藩主や家来たちの姿を見ていたので、斉彬一行をそれと比較したのでしょう。

春嶽やポンぺがいうように、斉彬はぜいたくをきらって身の回りの品などにお金をかけることはしませんでした。藩主就任の翌年である嘉永五年（一八五二年）には布告をだして、縮緬や羽二重などの高級品ではなく、紬の太織り（今は高級品になっているが、そもそもは絹糸の廃材をつかったB級品の布）や西洋布、木綿類のうち、なるだけ粗末なものを着用するようにと命じています。ただし、これまで着用していたものをすべてやめるとなればかえって出費がかさむので、平日は従来どおりの衣服でよいが重要な儀式の日は粗末な衣服を着用するようにとの指示です。他の大名とのつきあいが多い江戸においても同様で、客に会うときも粗末な衣服にせよと命じています。【注6】

身の回りの品にお金をかけることをきらう斉彬ですが、事業資金を出し惜しむことはしませんでした。松平春嶽がつぎのように語っています。

「又順聖公曾て予に御話なりしことあり、誠に感服に堪えざることにして、今日に至ても一層其言の確なるを思い心に銘ぜり。斉彬公の御話に予は一歩二歩（一歩＝一分は四分の一両、現在の貨幣価値では二万円程度）乃ち百疋二百疋（百疋は一〇〇〇文、一分と同じ価値）の金は寔《まこと》に吝《お》しくて、分つに吝しき心持ちするも、与《あた》うべき訳ありて与うるときは一万両二万両の金は反《かえっ》て少しも惜しと思わずと。此の話は実に御明言にして、深く心に銘ずべきことなり」【注7】

生活は質素で倹約家だが、事業に必要とあれば惜しみなく資金を出す。現代の名経営者にも通じるような話です。

㊉マルチタスク

斉彬の侍医として仕えた寺島宗則（のちの外務大臣、当時の名は松木弘安）が、斉彬のことを「二つビンタ（ビンタは鹿児島弁で頭のこと）」と言っていたのは有名です。じっさい、斉彬の下で集成館事業に従事した市来四郎は、史談会の席で質問者の「失礼ながら斉彬公の御学問の度合は如何」との問いに対して、次のように語っています。

「是は格別広いと云うことはござりませぬが、至って記憶の強い人で、講釈でも一遍聞けば忘れぬと云う人であったと申すことでござります。若い時は本当に程朱の学（朱子学）を学ばれた様子でござります。記憶が強く、元来頴敏《えいびん》な生れ付きでござります。藩内では一を聞て十を覚る人だと申て居ります。仏学でも儒学でも歌でも詩でも可なり一通りは出来た人でござります。夜分に伽役などが出まして下らぬ話を致す様な事はなかったと承ります。

酒も飲まぬ人で、伽役などは必ず学者を仕《つか》って話を聞く人で、寺島が侍医のときは医道では仕えませず、伽役で使うてござります。小姓や女なんぞに按摩でも取らせながら、寺島はソコに於て外国の歴史とか地理書とか何とかを読んで、其講釈をさせて聞かれたそうです。夫れは私共は能く知って居ります。他には徒《いたず》らな話などはさせぬ人であった様子で、記憶は強し、夫れを記憶して考え、実地に行うことが長所であったろうと考えます。

寺島が今も譚《はな》しまするに、斉彬公は脳が二つあったかと思う。何でも話をする中に小姓や小納戸役などが出て、何は斯う致しました、是よりドウ致しましょうと申出ますると、夫れは斯う斯うして、夫はコウせよなど下知を致す様なことで、そういう時に話を止めるが嫌であって、止めずに語らなければならぬことであった。そういう人であったから、今考えると脳が二つあったのだろうと思うと譚して居ります」【注8】

また、それにつづけて、市来の甥である寺師宗徳も

「寺島伯の一つ話に、斉彬公は頴敏であったと云う話に、朝々髪を結せながら側で書物を読ませて居らる中にも、近習役どもが伺事の下知をなし、或は聞きながら手紙を書きて居らるることもあり、其時読んでも耳に入るまいと思ってゴマカスと叱られたこともあったそうです」

と語っています。

寺島宗則（英国留学生引率時）
尚古集成館所蔵

聖徳太子が同時に八人（十人という説もあります）の話を聞き分けたという伝説もありますが、斉彬の場合は寺島のはっきりした証言が残っていますから、間違いはないのでしょう。現在風に言うならマルチタスク、つまり同時並行で仕事を処理していたようです。

市来が言うように、寺島は侍医という肩書きですが医術で仕えていたのではありませんでした。彼は優秀な蘭学者で、その新知識に注目した斉彬が、そばに置いて使うために侍医に起用したそうです。

当時は身分制度がやかましかったため、出水郷士の次男に生まれ長崎居付だった叔父松木宗保の養子になっていた寺島は、いくら優秀でも殿様に口をきける身分ではありません。そのために斉彬は医者という武士階級とは別のポジションにおいて、身近に仕えさせたのです。じっさいには市来の話にあるように医者の仕事はせず、洋書を読んで斉彬に西洋の知識や情報をつたえるというのが寺島の役割でした。

寺島の日常について、市来はこう語っています。

「寺島が侍医で伽役の時、城内より一町（一〇九メートル）足らぬ所に外庭があって、ソコに一局がありて、私共は毎日ソコに出て事務を執って居りました。此局は専ら洋風の事を調ぶる所、或は又実業試験も致す所でござりました。

寺島は隔晩に伽に出る時に私共の局に参りて種々な洋書を調べて、今夜は斯ういう事の話を仕ようと、今で申せば四時頃より参りて暮前迄調べて、暮比《ごろ》から奥に出て行きました。そうして按摩でも取る傍で講じたそうです。そうして実験も致させる様でございました。其辺は誠に賢い、且つ努めた人でございました」【注9】

安政五年（一八五八年）に幕府の海軍練習船咸臨丸に乗って、勝海舟らとともに鹿児島をおとずれたオランダ人医師のポンペは、斉彬が咸臨丸を訪問したときのことを、

「侯の従者にはまことに才能ある士がいて、われわれに矢継ぎ早に、あらかじめ用意してあったらしい質問の雨を降らして回答を求めた。特にその中でも、確か医師松木弘安なる人だったと思うが、純粋自然科学にも実用方面にも実に多くの勉強を積んでいることがわかった」【注10】

と書いて寺島の博識をほめています。オランダ人たちの教官長（オランダ人のトップ）であった海軍士官のカッティンディーケも、そのときのようすをこのように書いています。

「一行のオランダ人士官は一人ひとり藩侯に招かれて、広汎な話題にわたって談話を交わし、一々その所見について、忌憚なき意見を求められた。松木弘安は、それを残らず書き取った。この時、自動記録式バロメーターの構造が話題にのぼった。そうして松木の質問は、我々の一人が返答に窮したくらいにむずかしかった」【注11】

寺島がいかによく勉強していたかがわかるエピソードです。西洋の科学や文化について、斉彬に説明することで寺島の知識がふくらんでいった、ということは斉彬の西洋に対する知識も寺島とおなじようなレベルであったと思われます。

🈀趣味は仕事

寺島の話を聞きながら、手紙を書いて、別の部下の報告に対して指示を出すという驚異的な仕事ぶりの斉彬ですが、日中だけでなく朝や夜もひたすら仕事をしていました。国元で一四歳のときに小坊主として出仕し、以後斉彬の君側を務めていた三原経備が、明治三六年の史談会で斉彬の日常を聞かれてこのように答えています。

（質問者）「ご自身に御調べになるとか、御筆を執らるると云うことがござりますか」

（三原）「一寸も唯だ居らるることはないというのでもないが、夜分も昼も、夜分は御奥に居られても何か書き物でござります。大体十時が引け、其の間は書き詰め。私に経師屋をせよと云うことで、畏まりましたと云って稽古を致しました。帳面など出してとじた。其の釘ち方がドッサリある。それは下から上申したもあり、御自身に書かれたもある。公然とやるもあり、人の居らぬ所でやるもある。一人でいかぬから、外かに小姓に教えてやりまして、日々とじておりました」
（質問者）「電信、時計などの事があるというは御奨励にもなったのでござりましょうが、詩を作り歌を詠むということはござりませぬか」
（三原）「それはありませぬ、暇がない。唯々運動する位で余閑がない。御慰みになるは朝貌《あさがお》でござりました。今ならば珍しい朝貌がござりますが、其時は牡丹吹き位のものでありました。酒は少しも上らぬ」【注12】

経師屋というのは経巻や和本などの装丁をする商売ですから、三原は斉彬の手元にある書類を綴じる、いわば整理係のような仕事をしていたのでしょう。それがあまりにも多かったので、ついには手が足りなくなり他の小姓に手伝わせて、毎日書類綴じをしていたといっています。人のいないところで綴じていたのは、機密文書だと思われます。

斉彬は普通の文化人のように漢詩や和歌をつくるようなことはせず、朝顔栽培をたのしむ以外は仕事一筋の生活でした。

斉彬の日常については、江戸で仕えていた本田孫右衛門も明治三七年一一月の史談会でこう語っています。

（質問者）「遊び場所に御出でになった事はござりませぬか」
（本田）「そう云う事はござりませぬ」

（質問者）「御寺や名所旧蹟へは如何でありましたか」

（本田）「それは私共は判らぬが、ございますまい」

（質問者）「御大名の御楽みはどんなものでありましたか」

（本田）「御楽みは別にございませぬ。能などは格別御好きでもございませぬから」

（質問者）「茶は如何でありますか？」

（本田）「そう云う事も伺わぬが、御馬は随分御好きな方でございました。弓もございませぬ」

（質問者）「碁のようなものはございませぬか」

（本田）「碁将棋などは私共は判らぬが、ドウでございましたか」【注13】

江戸でもせいぜい乗馬をたのしむくらいだったようです。

〈コラム〉

芋虫をつまんで女中を追いかけ、女湯に乱入

斉彬は聖人君子のように思われていますが、じつは子供のような一面があり、イタズラも好きでした。寺師宗徳と本田孫右衛門のやりとりです。

（寺師）「女中などの話でも、気さくな方で、徒《いたず》らをなさるる事が上手の様子に承りますが」

（本田）「それは徒らは為さるる。私などが渋谷に居る時に、後に植木畑がある。午後になると其処《そこ》の辺に運動に御出でになる。芋などが植わって居る時分に、芋虫を摘んで女中に遣らるる。キャッキャッと云って遁《に》げる。それを追っかけてやらるる。そう云う事をなさるる」

（寺師）「湯殿が殿様と女中のと並んであって、其間に潜《くぐ》りがある。女中は遠慮のないもので、何十人も一緒に行く。銭湯同様で陰部を隠さぬ。隠すと異常があると云うようになる。それで両方の湯殿の間に潜りがあって、盛りの時に潜りを這入って御出なさるる。そうすると遁げる、転げる、大噪《さわ》ぎと云う。それで皆が懼《こわ》いと云うより、親しみ有難いと云う方であった様子」【注1】

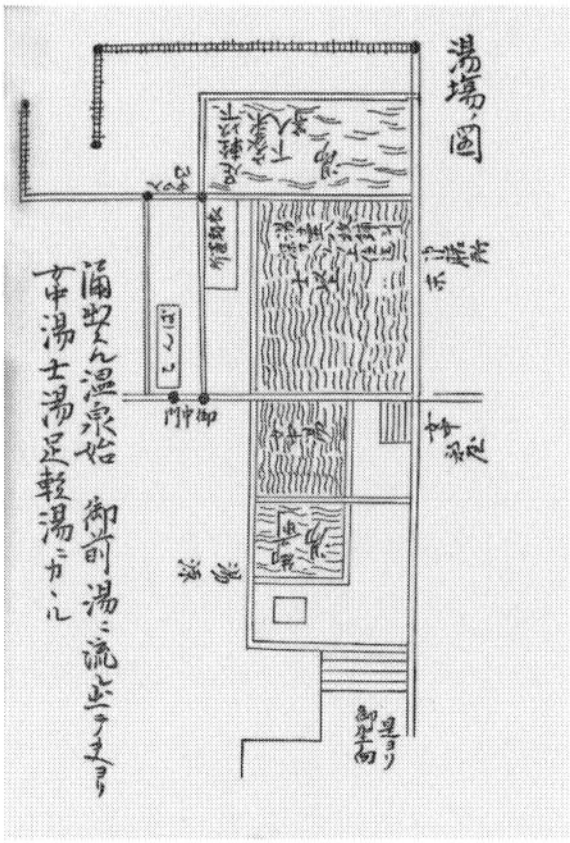

二月田温泉の湯船図

殿様の湯殿のとなりが女中の湯殿というのはちょっとふしぎな気がしますが、斉彬が静養につかっていた指宿の二月田温泉に残っている浴槽も、泉源に最も近いところに殿様の浴槽があり、その次が女中用で、家来の浴槽はそのさらに下流にありますから、江戸の屋敷でもそうだったのでしょう。

第五章　藩主就任

㊉藩主となって最初の仕事は意見募集と藩士の生活安定

斉彬には日本を西欧列強の植民地ではなく、列強と対等な立場の国家にするという大きな目標がありました。そのためには、日本を近代的な工業国に変えなければなりません。とはいえ、幕府をはじめ、ほとんどの藩は旧態依然としたままで、列強の圧力をのらりくらりとかわしていればそのうちどうにかなるだろうという姿勢でした。そこで斉彬は先行モデルとして、まず自分の藩を近代化することに力を注ぎます。

とはいえそれはかんたんな道のりではありませんでした。国元で刀剣係として斉彬の君側にあった川南盛謙は、斉彬着任当時の薩摩のようすを、「何にせよ頑冥不霊（道理がわからず頭がわるい）の連中が多かったから、主君の命令と雖《いえど》も腹を切って拒むと云えば押さえようがない。それ位に頑固な国風であった」とのべています。【注1】薩摩を近代化するために、斉彬はまずこの国風を変えることからはじめねばなりませんでした。

斉彬が藩主として初のお国入りをしたのは嘉永四年（一八五一年）五月でした。最初におこなったのは政務方針の発表で、だれでも遠慮なく意見を申し出るよう促しました。これに応じて西郷隆盛が意見書を提出し、それが斉彬の目にとまって、西郷起用のきっかけになったといわれています。斉彬のそば近くで仕えていた市来四郎によると、斉彬は上がってきた意見書にはもれなく目をとおして、まちがっていたり疑問点があったりしたものには付箋をつけ、採用するばあいは意見を述べた者に「如何にももっともな事である。尚憚《はばか》らず云うがよい」などと声をかけました。このように殿様が読んでくれるので誰もが意見を述べるようになり、士分はもちろん、百姓でも町人でも上言するようになったそうです。【注2】

斉彬はつづいて米価引き下げと困窮者救済に着手しました。というのも、その前年に領内をおそった台風で農作物の被害が大きく、そこに商人の売り惜しみもくわわって米価が高騰し、人々が生活に困っていたからです。当時は窮乏した城下の武士が夜になるとこっそり町家をおとずれて食べ物を乞うような状況でした。そのころの悲惨な話が伝わっています。それはある下級武士が貧乏のために食べ物を手に入れることができず、親子三人が裃《かみしも》をつけて帯刀のまま餓死していたというものです。この話をきいた斉彬は対策として、少し生計のゆたかな者を小組頭という新設の役職につけて担当する区内の現状を視察させ、貧窮者がいればただちにこれを上申させて、昼夜を問わず即刻

に救助米を下付するようにしました。【注3】

斉彬はまた、

「四民困窮の様子を聞ては、金銀の損亡よりは大なる国家の損亡である。又此薩隅日三州は先代より相続致したことは申すまでもない、是を拙者が所有の薩隅日と思っては大間違である。是は辱《かたじけな》くも天子様より預り奉る人民である。其者共が今日衣食の為めに困窮すると云うことでは、第一朝廷に対し奉りて申訳がない。故に拙者が勤倹を行うて、四民の困難に迫まらぬ様にするが拙者の職分である。故に藩庫を開いて四民を救うから、其取扱をせよ」【注4】

と命じました。そして藩の貯蔵米四千石を放出して米価を下げようとしますが、損を出すことをおそれた役人が高値で払い下げたために米価は下がりませんでした。というのもそれまでの藩の方針は、重豪時代にふくれあがった巨額の負債を解消することでしたから、新しい藩主の指示とはいえ、藩の利益にならないことをするなど思いもつかなかったのでしょう。斉彬は役人を叱り、こんどは五千石の米を安い値段で放出して米価をひき下げました。くわえて、七月と八月の二回にわたり、禄高の少ないものや藩の役についていない貧窮士族約二千戸に一俵ずつの米をくばりました。【注5】

⊕斉彬によって薩摩の頑固な国風が変化

ひとびとが条理を理解し君命に従うようにするために斉彬がした努力については川南盛謙がこう語っています。

「頑固な国風であったが、遂に文明風に導きかけられた次第に就ては中々一朝一夕のことでございませぬ。それに就て自ら人心を調和して、能く君命を奉じ、又条理も判るように致されますは、兎も角人民の困窮を救うが人事の重要事件である。所謂恒産あるものは恒心ありで、食うことに困る者に条理を説いても仕方がない。それで士気を養うに廉恥を知らしめ、平生救恤と云うことに就て頗る注意を注がれました。人々をして安らかに行かかるようにして行かねば国政の挙ることはないものであると云う予《か》ねての趣旨に就て士庶人に限らず救助に就ては種々手段を尽されました為め、藩内の人心、神のようであると帰服したものである。それで後には人心自然に落付て、決して疑いを容れぬ。それは畢竟人心を懐ける事に注意のあった結果でございます」【注6】

2020年に復元された鶴丸城御楼門（著者撮影）

川南の話では、斉彬の居城である鶴丸城の門番が元旦の朝に城門をひらいたら、一文銭や二文銭を紙に包んでお賽銭のようにしたものがおびただしく供えられてあった。それは斉彬を神様のように思った老人や婦女子が大みそかの夜中に賽銭をささげて拝みにきたからだということです。【注7】

旧態依然としていた薩摩は斉彬のもとでひとつにまとまっていきます。頑冥不霊でいうことを聞こうとしない藩士たちを力でおさえこむのではなく、根本にある原因をさぐり、解消することで問題を解決する、それが斉彬スタイルです。

ついでにいうと斉彬が「天子様より預り奉る人民」といったことで、それまで殿様の上にいるのは『天下様（将軍）』だけだと思っていたひとびとが『天子様（天皇）』がいることを知ったのですが、市来四郎は、「是が即ち薩隅日（薩摩・大隅・日向）三州の士民が尊王の声を高く致して憚《はば》からざるの嚆矢《こうし》（はじまり）でござります」と言っています。【注8】神様のような斉彬が尊敬する天子様だということで藩全体が尊王となり、兄斉彬の遺志を忠実に実行しようとする久光にひきいられ、一丸となって明治維新へと向かっていったのです。

⊕斉彬がニンニクを食べたことが伝わり城下の風儀が改善

同じころの興味深い話がもうひとつあります。これも川南盛謙の談話です。

あるとき斉彬が食事をするにあたって、そばにいた小姓に、

「ヒルと云うものを食いたいと思う。あれを料理して出せ」

と言ったことがありました。当時の鹿児島ではニンニクのことをヒル（蒜）といっており、食べる

と口がくさくなってまわりの人に嫌われるので無礼にあたるとして人前にでるときは遠慮して食べなかったのですが、野菜の中ではとくに美味しいものとされて、食通の人は鶏肉といっしょに煮て食べていました。

斉彬にそう言われたので、小姓が料理をつくっている御膳所に行き、殿様がヒルを召し上がりたいと命じられたと伝えました。そうすると、料理番の頭であった石原正左衛門がそれを聞いて大いに驚き、

「ヒルを召し上がるはドウ云うものであろう、御代々様でもヒルを上がった例はない。これは御上の御沙汰でもヒルを召上るは以ての外である。料理番の職掌として、これは断じて上げられぬ」

と、御膳所方の意見として異議を申し出て、つくろうとしませんでした。この石原正左衛門は、初代藩主（当主としては一八代）家久に招かれて島津家の庖丁人となった石原佐渡の子孫で、代々御膳所頭をつとめる料理専門の家柄です。庖丁人のプライドにかけて、殿様にニンニク料理などだすことはできないというわけです。

困った小姓は、もどって斉彬にそのとおり伝えたところ、斉彬は、

「世人の食うものが食われぬと云うことはない。臭みがあろうが人の食う物である。あれの臭いの宜さはない。臭いを嗅ぐ以上は食わねばすまぬから出せ」

と言って納得しません。たしかに、ニンニクは食べたあとの口臭はひどいのですが、調理中はよいにおいがあたりにただよいます。斉彬はどこかでそのにおいをかいだのでしょう。斉彬にこのように言われた小姓は再び御膳所に行って殿様の言葉を伝えるのですが、御膳所は、

「それはお前達が悪い。お前達が大変旨いなどと申し上げるからである」

とこちらも断固として応じません。こまった小姓たちはみんなで相談して、

「仕ようがない。殿様は何も彼も御承知であるからから、仕ようがない。面倒臭い御膳所に拘わらず手料理しよう」

と決め、誰かの家に植えてあったものをもってきて庭先で煮て差し上げました。そうしたところ、斉彬は、

「箇様に旨い物を今まで何故に出さぬ」

と大いに喜んだそうです。それで、お召し上がりになってしまった以上は仕方がないということで、それからは御膳所で調理して、常に食べられるようになりました。


面白いのはここからです。殿様がヒルを召し上がったという話が一般に伝わって、殿様がそのようなものをご存じのはずがないから、これはどこかでヒルを煮ているところをご覧になったにちがいない、城下の武士や町人はそう考えました。川南によると、斉彬は城下のようすをさぐるために、お城の掃除口とよばれる、人足（力仕事に従事する者）などが出入りする門からこっそり抜け出していたのではないかということです。

殿様がヒルを知っていたというはなしが御膳所から伝わると、これはどこまで殿様の目が届いているか分からないから、恥ずかしいふるまいをしないように注意しようということで、武士だけでなく町人にいたるまで、だれかれとなくお互いにいましめて、行いが急速に改善したそうです。【注9】

川南の話では、斉彬が在国中はひとびとのようすが違っていたそうです。当時は若者たちがバンカラぶりを競っていて、わざと鬢《びん》（頭の左右の髪）を刈りこんで乱れた髪型にしたり、傷の付いた容貌で強勇ぶってみたりと、見苦しい姿を自慢するような風潮がありました。このため、容貌検分といって外見のよろしくない若者を番頭《ばんがしら》の自宅によびだして「ああせよ、こうせよ」と注意する制度まであったほどです。このように上役から注意されてもなかなか風体を改めようとしなかった若者たちですが、斉彬が帰国したのちは、身だしなみを整えて外出するようになりました。それは、どこで殿様にお出会いするか知れぬので注意しようと、誰もが気を引き締めていたからだということです。これは武士にかぎらず百姓町人もおなじで、国中が引き締まって、藩庁の命令に不平をとなえる者は貴賤老幼ひとりもおらず、皆が遵守したそうです。【注10】

おしのびで城下のようすを探っていた斉彬ですが、それまでの藩主と異なっているのは藩士や領民との距離の近さです。山之城という示現流の高弟によれば、斉彬が国元にいる時は外出には常に馬を使ったことから、だれもが殿様の姿を見て親しみを覚え、人気は非常に高かったとのことです。【注11】私たちも自分が見たことがある有名人には親しみを感じやすいものですが、それと同じことだったのでしょう。

父の斉興はそば近くに仕える者以外にはほとんど姿を見せなかった【注12】といわれていますが、斉彬のスタイルはそれとは正反対です。殿様と口をきくことが許されない下級武士や領民にとっては、姿を見せてくれる斉彬はまさに『自分たちの殿様』を実感させてくれる存在でした。

桜島と桜谷「仙巌園十六景図（部分）」（尚古集成館所蔵）

⊕領民とともに楽しむ

領民に近づこうとする斉彬の姿勢をよくしめすエピソードを三原経備が語っています。それは藩主となって国元に帰った翌年、嘉永五年（一八五二年）の春のできごとです。

斉彬は花見をかねて磯にある別邸仙巌園をおとずれました。当時の磯は桜谷とよばれるほどの桜の名所だったので、歴代の藩主は、桜の時期には仙巌園に滞在するのを常としていました。

斉彬が仙巌園に来た日はたくさんの人々が花見につめかけていて、大変にぎやかに騒いでいました。ところが、翌日になると花見客がだれもいません。昨日は花見でたいへんにぎわっていたのに今日はどうなったのかと不思議に思った斉彬は、身のまわりの世話をしている小納戸役を呼んで、

「昨日は賑やかであったが、今日は（花見をしている者が）ない」

といいました。すると、小納戸役は、

「昨日は、家老の所で差止めますのを、家老の方で止めなかったものでござりますから、甚だ不体裁を極めた所を御覧に入れました」

と答えました。斉彬はおどろいて、

「何と云う、私が来たから止めた……」

「左様でござります」

「それは怪しからぬ。私は花が咲いたら見に来て、みなと共に楽しむつもりなのに、それを人民の見るを止めると云うことはならぬ。早速花見をさせよ」

と申しつけました。これまでは、殿様がおいでのときには花見はならぬということを家老から申し達していたのに、今度の殿様はそうではないということが下々に伝わりますと皆大変に喜び、殿様はどういう方か花見に行ってお顔でも拝見したいということで、ふだんは花見に行かないものまでが繰り出しました。

磯の花見の特徴は、陸地からだけではなく船から桜を眺める者も多いのですが、その船も三百以上出てかつてないほどの大にぎわいです。しかも、殿様がお帰りの時に船を群衆の方に向けたので人々はさらに喜び、酔って踊りだすものまで出るほどの大騒ぎになりました。【注13】

花見船　天保年間鹿児島城下絵図(部分)(鹿児島市立美術館所蔵)

⊕民間の細事まで知っていた

斉彬は米価をはじめとする領内のさまざまな物価の動向をつねに注視していました。川南盛謙はそのことをこのように語っています。【注14】

「人情に明るいことは当時の役人も及ばぬ。民間の米、味噌、醤油、炭、薪など衣食住の物品は日々相場付を取って見られて、今日米が少し高いこれはドウいう事実で高くなった、これはドウであるか、物価が平準を失うようであるがドウいうものかとて、その事由を糺されて、箇様々々にせよということまでも命ぜられた。公一代藩庁より重なる達《たっし》は自分が筆を執って意見を立てられたものが多い。家老などにて公を助けた者はない、反《かえっ》て公から助けられて勤めたという位」

物価の調べかたについて、斉彬は担当部署である諸色方（表方）の調査報告だけでなく側近にも別途調べさせて、正しい数字が報告されているかをチェックしています。情報を別のソースで確認する、いわゆるウラをとるという手法です。『島津斉彬言行録』によると、斉彬が国元にいるときは毎日、諸色方と江夏《こうか》十郎などの側近の両方から市中物価の報告を受けていたそうです。ある日江夏十郎の報告した数字が諸色方のそれと違っていたので確認のため再調査を命じたところ、江夏が間違っていたことが判明しました。そのときに斉彬はこのように江夏を叱ります。

「江夏へ調申付るは、表方の調べ正否を見るの為めなり。手元の調粗漏にありては表方を誡むるの詮なし、物価平均せざれば末々小前の輩困窮の基なり、（米価安定のために）常平倉取建てたる趣意は飽まで承知の通り。国民衣食のために苦むは政事の大闕典《けってん》なり、国民苦しむは国主の恥なり、恥なるのみならず国乱の基なり、和漢ともに其例多し。常平倉は仁政の本なり、四海困窮すれば天禄永く終らんということは素より存じの前なるべし。又民富めば君富むとは政事の眼目なり、明け暮れ心配することとなり」

仕事の目的をきちんと説明した上で、なぜそれが必要なのかをていねいに説明しています。叱られた江夏は物価を調べる目的が領民の生活安定のためだと知り、聖賢といわれる人たちとおなじ行いであることに感激して涙を流したと書かれています。【注15】

斉彬は藩内のこまかいことまでほんとうによく知っていました。旧土佐藩士で山内容堂の侍読をつとめた細川潤次郎が、藩の重役だった久次米九助から聞いたという話です。

斉彬があるとき土佐藩邸をおとずれて重役たちといろいろな話をしていたなかで、

「土佐には鰹節の産多く、実に重要の国産にて、お国のため賀すべきことなり」

と言いました。それを聞いた重役のひとりが、

「仰《おおせ》の如く聊《いささ》か国産と称すれども、なかなか仰の如くならず。反《かえっ》て御国においては砂糖の産あり

て年々莫大の産額に上り、御国利を生ずること実に一方ならずと承れり。我鰹節の比にあらず。誠に御羨《うらや》ましく存ずる」

と答えました。すると斉彬は、

「我が藩地に砂糖の産物あるは、土佐の庇護に頼るなり」

といったので、重役の者が不審に思ってその理由をたずねると、

「砂糖を製するには土佐の鰹魚の骨を買い入れて肥料に用いて、甘蔗（サトウキビ）を植るものにて、全く土佐に鰹魚骨の産あるに由り我砂糖も又産するの訳なり」

とのことでした。つまり、薩摩の重要な産物である砂糖ができるのは、サトウキビの肥料となるカツオの骨を土佐から買っているからだというのです。

重役はこの話が初耳だったので、さっそく人を国元につかわして、カツオの骨を薩摩に輸送しているかを調べました。すると、毎年薩摩の船が琉球の産物などを積んでやってきて、カツオの骨と交換していることがわかりました。土佐藩の重役たちは自国にこのような産物があることを知らなかったのに、斉彬が知っていたという事実に驚き、細かなところまで眼が行き届いていることに感服したそうです。

また、細川は容堂のそば近くに仕えていたので、あるとき主君の容堂に、

「薩摩守（斉彬）殿は当時明智の君主たりとの聞え高し、君には常に親しく御交際もあらせらるれば、其為人《ひととなり》も熟々《よくよく》御存知なるべし。誠なるや」

つまり、「斉彬公はすぐれて知恵のある君主と評判ですが、殿は親しくつきあっていらっしゃる

から公の人となりもよくごぞんじでしょう、評判は本当ですか」とたずねました。すると容堂は、こう答えたそうです。

「薩摩守は実に珍しき人物なり。克く民間の細事に熟知せり。之れは吾等の遠く及ばざるところなり。例えば座席上の品物にして茶器其他炊器等の細小品に至るまでも、詳《つまびらか》に時価の高低までも諳知せられ（そらんじている）、常に予等にも教示あり。如何にも君子は鄙事《ひじ》に多能なり（君子はつまらぬ事柄にもたけている）とも申すが、不思議に思い入ることなり。何れより知らるるものなるか、測り知るべからず」【注16】

江戸城の話もそうですが、当時の大名といえばただ尊大なだけで、民間の実情を知っている者はほとんどいませんでした。ところが斉彬は、土佐藩重役も知らなかったカツオの骨の利用法を熟知していたし、さまざまな品物の値段までよく知っていたのです。

山内容堂（国立国会図書館デジタルコレクション）

現代の会社におきかえて考えてみても、現場をよく知っている上司には部下は文句を言わずついてきます。斉彬のように現場の細かい点までよく知っていて、しかも仕事の目的をきちんと説明してくれる上司ならば、部下は心服して、この人のために一生懸命働こうという気になったにちがいありません。

第六章　斉彬のマネジメント術

⊕公平と気配り

斉彬はつねに部下への気くばりを欠かさず、しょっちゅう言葉をかけていました。近習たちへの指示もわかりやすく、誰に対してもつねにはっきりと「こうせよ」「ああせよ」と具体的だったそうですから、部下は楽だったことでしょう。【注1】

父親の斉興はそれとは正反対で、たとえば籠に乗っている時にはつねに戸をしめ切っていて、用があるときには籠の戸をチョイチョイと叩くだけです。それゆえ、御供目付は常に籠の戸に注意していなければならず、たいそう骨が折れたそうです。【注2】黒田長溥によると斉興は説明がへたであまり話をせず、とっつきが悪かったそうですから、人前で指示するのが恥ずかしかったのかもしれません。【注3】

斉彬は部下をえこひいきすることなく、公平にあつかっていました。本田孫右衛門によれば斉彬は基本的に部下の好き嫌いはなく、あまりおおっぴらにできない特別の用を命じていたものが山田壮右衛門や井上正太郎など四、五人いたそうですが、それ以外の小姓たちについては人を選ぶことなく使っていたそうです。また、働きがよかった者には自分で内々に心づけをわたすという、部下思いの殿様でした。【注4】

心づけについて面白いエピソードがあります。やはり側近だった川南盛謙が語った話です。斉彬の側近で茶道坊主として仕えていた山口不及に何かの調べ事をさせ、その報告書を見た斉彬からの返書に、「取調のことは、骨折て仕合であった」とほめ、その追伸に「段々骨折に付、火の字篇（偏）の足しにもと、金三両遣わす」と書いてありました。『火の字篇』というのは当時の鹿児島の俗語で焼酎のことです。山口不及の骨折りに対して、ただ「ほうびに金三両つかわす」というだけであればそれが多いとか少ないとか考えるでしょうが、自分の好きな焼酎代の足しにせよと書かれていたため、山口は殿様が自分の好みまで知っていてくれたことに感銘きわまりなかったそうです。【注5】

自分が焼酎を好きだということを知っていてくれただけで嬉しいところに、さらに火の字偏という俗語をつかわれれば、いっそう親近感がましたことでしょう。山口不及はこの殿様のためにもっと尽くそうと思ったにちがいありません。このようなさりげないところに、斉彬の人づかいの上手さがあらわれていると思います。

⊕部下を気づかう

部下思いのエピソードではこのような話もあります。斉彬は自分にだされた料理を家臣のために下げ渡すこともあり、家臣の方はそこで一部をいただき、残りは持ち帰りました。なかでもよろこばれたのが箸で、当時は殿様のつかった箸をいただくとオコリがおちるといって珍重されていたそうです。オコリというのは間欠的に発熱して悪寒やふるえを発する病気で、おそらくはマラリアだと思われます。斉興のころは箸をいただくのも簡単ではなかったのですが、斉彬はお膳ごと下げ渡しました。そこで問題になったのが食器のあつかいです。これを御膳所に返すか返さないかで議論になりました。というのも、食器のなかには貴重なものがあったため、料理担当の御膳所と什器担当の御納戸方のあいだで大論争になったそうです。とにかく殿様のお使いになったものというのは何であってもありがたがられたようで、川南盛謙はそのころを振りかえって、

「今日で云えば天皇陛下と申す様で、君公と云えばそれは大変なもので、本田（孫右衛門）などは家柄で御側離れぬが、予等の所では（殿様がお使いになったものがいただけるというのは）中々の事で、今の人にはサッパリそう云う事は判らぬ」

と語っています。【注6】

また、斉彬が渋谷の藩邸にいたときのことですが、ある大風の日に藩邸の裏門付近で火事がありました。そこで、当番の小姓に火事を見てこいと言って送り出したら、その小姓がいつまでも帰ってきませんでした。その時は大変で、怪我でもしたのではないかと心配し、みずから表まで出ていって「まだ来ぬが、迎えでも遣れ」などと大騒ぎだったそうです。【注7】側近たちはこのような斉彬の部下思いのすがたを見ているので、斉彬は家臣全員から好かれていました。寺師宗徳と本田のやりとりです。

（寺師）「一体其頃自分の殿様を悪いと云う者もないが、彼の位に衆望のあらせらるる方も少ないと云う事でござりますが、家中一統の気合いは蔭言は一切ござりませぬでしたか」

（本田）「それは決してござりませぬ。大変利《き》けて居られました。登城の時西丸下に桜田を這入って西丸に這入らるると、薩摩が登城と言って下馬はヤーと言いましたが、それは随分利けて居られました」【注8】

下馬というのは、江戸城大手門の手前にある待機所で、大名や役人の従者がここで待機しているほか、登城のようすを見物する町人たちも集まっていました。斉彬は家臣たちだけでなく、下馬付近に集まった人たちにも人気絶大だったようです。

⊕教育熱心

斉彬が教育にたいへん力をそそいだことはさきにも述べましたが、指導のしかたにも特徴があります。それは教えるのではなく、部下に気付かせるようにしたことです。本田孫右衛門は当時のことをふりかえって、「(斉彬は) 何も御存じで、自分で知って居らるることを御尋ねになる。それで困りました」と述べています。【注9】

川南盛謙も興味深い経験をしています。調練のあった翌日、西洋のサーベルを持ち出してきた斉彬が手ずからその刃を曲げて見せ、「これほどにしても折れぬが、これは金属が柔らかいものである。これではかたいものに困る」といって日本刀と切りあわせたら、サーベルが切られてしまいました。そのあとで日本刀の方も折って、それぞれの断面に顕微鏡をあてて、藩士たちにも金属のようすを観察させました。その時のことを川南は、

「吾々も拝見したが、成程日本の金(属)を顕微鏡で見ると砂で石垣を積んだようである。彼方のはそれがない。それで向うの鍛えの火が強くてよい。それで御手ずから試験をせられ、そうして御下げになって、これを見よという事で、そういう細かい事まで手を附けられるから仕様がない。政治の事などをなさるる間にドウ暇があるかと思うに、一度聞かるると忘れられ

ぬ」【注10】

と語っています。日本刀とサーベルのちがいを分からせるために、それぞれの断面を顕微鏡（おそらくは拡大鏡）で見せて、なぜそのような構造になったのかを考えさせています。川南は刀剣係でしたから両方の断面を見て、そのちがいが刀を鍛える時の火力の差によるものだと気づいたわけです。

これは現代の会社経営にもつうじます。日本郵船副社長を経てＪＲ貨物の会長となり、親方日の丸体質で慢性赤字だった会社を生まれかわらせた石田忠正さんは、ある雑誌のインタビューで、「どの会社でも、改革が生まれるのは一人ひとりの気づきからだ」と答えていました。【注11】

斉彬もまさにそのような考えで部下を教育していったのでしょう。

⊕細かなチェック

斉彬は一度聞いたことを忘れないほど、記憶力が抜群だったようです。川南は刀剣係の仕事に関して、

「御刀穿鑿《せんさく》で、夜一二時頃斉彬公より御呼出しになった。御刀の九十何箱の中四十三箱の中に這入って居る刀を出せという御命令があって、それを私などが差出しました。其時に御記憶

の強いことに驚いた」

と語っています。また、斉彬は細かなことまで確認していました。同じく川南の話です。

「表具方という者がある。それは今の君公の御手元ばかりを預って居る。表方は職務が多いから此方で分らぬ。表具方が幾らあるかという事で、ところが判らぬ。また御細工所というものがある。これは何百人とある。それを聞かれましたが、人数が多い。けれどそれは知らぬということは出来ぬ。非常に困った。大概二度聞かるる事はない。一度聞かるれば直ぐ判る。細かいことを聞かるる、調練の調べから何から一々聞かるる」【注12】

記憶力がいいから、同じ内容を二度聞かれることはないものの、細かな点まで質問されるので、側近たちはさぞや大変だったことでしょう。

斉彬は重要なことは聞くだけでなく、自分で確認していました。歴代藩主の誰もおとずれたことがない勘定座という部署にも足を運んでチェックしています。

勘定座というのは会社でいうと経理部にあたります。藩の公金の出入りをあつかって、細かな計算をする煩雑な業務の部署でした。そこで働く役人を勘定方といいますが、貧窮士族の子弟で一六〜七歳になった者を書役（事務員）に採用して扶持をあたえることから、別名を御救い方と呼ばれ

ていました。勘定座の長は勘定奉行です。薩摩藩出身の漢学者で明治天皇の侍講をつとめた小牧昌業《まさなり》は勘定奉行について、

「御勘定奉行と申すと何か会計のことを掌って居る役目の様でありますけれども、是は数字の定まったものに付いての勘定を掌るのであって、財政の計画とかいう様な調べをするという方ではないのであります」【注13】

と語っています。いってみれば単純な事務部門で、手間のかかる仕事のわりにはあまり評価されない職場です。

長である勘定奉行も、寺師宗徳によれば、「勘定奉行は家柄と看板で出来たもので、其仲間の席の年功を経た者が藩の財政はして仕舞うた」【注14】そうですから、ベテランの職員が事務をとりしきって奉行はただすわっているだけという職場だったようです。

その勘定座に斉彬があらわれました。斉彬は勘定奉行に蔵入り、つまり収入をたずねました。奉行も大体の数字は聞いていたので一応の説明をしたものの、斉彬はそれでは満足せずに、「何々はどうである?」と質問をたたみかけます。奉行が答えられずにいるので、斉彬は「算盤を取って見よ、直ぐ判る」といいましたが、当時の奉行はそもそも算盤を知りません。立ち往生している奉行を見て、斉彬はふところから鉛筆をとりだして、自分で寄せ算(たし算)をして見せました。一同はこのときはじめて鉛筆というものを見たとのことです。

なお殿様の質問に答えられなかった奉行は、家に戻ってから昼夜兼行で算盤の稽古に打ち込んだので殿様から叱られずにすんだそうです。【注15】このエピソードは寺師宗徳が語ったものですが、斉彬が鉛筆をもちあるいていたことや、家臣たちのまえで筆算をして見せたというのは面白い話です。算盤ができなかった勘定奉行が自宅に戻ってから必死で算盤を学習したのも、殿様がやって見せた計算を責任者である自分ができなかったことを恥じたのにちがいありません。

人から言われてやるのと自発的におこなうのとでは、成長度合いが大ちがいです。奉行のやる気を引き出したのは、歴代藩主が顔を出さなかったいわば日陰の職場にあらわれて、熱心に質問したばかりでなく自分で計算までする斉彬の姿でした。

第七章　調練

⊕厳しさとねぎらい

斉彬は江戸にいるときも薩摩にいるときも、藩士たちの『調練』、すなわち兵士の訓練を欠かしませんでした。訓練のスタイルはすべて洋式です。

江戸では渋谷にあった下屋敷が面積約四万四〇〇〇坪（東京ドーム三個分よりも広い）【注1】と広大で、広い杉林や芝生があったことから、ここで月に六回の調練があり、大砲や騎兵の訓練も行っていました。

君側に仕えた三原経備の話では、斉彬は午後三時ごろから、少し小高くなったところに日傘か雨傘をさして立って見るのが常で、側近が腰掛を準備しようとしたら「そういうことはいらぬ」と拒んだそうです。あるとき、ひどく雨が降り出したので、指揮官の判断で調練をやめて帰ったあとに斉彬がやってきたことがありました。誰もいないのを見た斉彬はひじょうに機嫌がわるくなり、使

練兵図　（尚古集成館寄託）

いを立てて皆を呼び戻し、

「この位の雨でなぜやめたか。花見ゆさんではない、調練は何の為にするものか。この位な雨で止めることはならない。これからは決してやめるに及ばぬ」

と大変叱ったので、それからはどんなに雨が降っても調練をやめることはなくなったということです。

【注2】

また、馬廻役の本田孫右衛門によると、調練のときに斉彬は藩士たちの名前を書いたおびただしい数の札を自分で持ってきて、「誰がまだ来ぬ」と参加者をチェックしていました。側近が、誰それは御殿の当番なので参加できませんと答えると、

「そうか、当番でも成るべく出ねばならぬ、余が斯うして居るから……」

と言われたそうです。

ただし斉彬は厳しくするだけでなく、兵士たちをねぎらうこともおこたりませんでした。調練が終わ

ると、兵士たちに夏ならそうめんや葛水か豚飯、それ以外の季節にはふかし芋などがふるまわれたそうです。【注3】

斉彬は他の大名たちにもこの調練を見学させていました。斉彬と親しかった宇和島藩主の伊達宗城は、その時の様子を次のように述べています。

「青山抱邸（渋谷下屋敷）にて洋式操練ありき。其時などは、兵士を犒《ねぎら》い慰めらるることきわめて懇切なりし。つねに甘薯（サツマイモ）などを烹《に》て之れを与え、和心を得て其事を廃せざらしめんことを注意あらせられ、心を用ゆるの慎密なること、大名心持の様迂闊なるものにあらず。蒸薯を兵隊薯と名付け、公にも兵士の前にて倶に食せられ、予等も時おり御馳走に預りしことあり」【注4】

伊達宗城が語るように、斉彬の気配りの慎重なことは他大名の心持のように行き届かないものではなく、調練の後で食べ物を出すことによって兵士の気持ちをなごやかにして調練をやめたくならないように気をつかっていました。また兵士たちとともにふかし芋を食べることで一体感とやる気を引き出して、兵士のレベルを上げていったのです。

〈コラム〉

芋の皮

宗城もお相伴にあずかったふかし芋について、面白い話があります。馬廻役だった本田孫右衛門によると、茶道坊主の重久元碩が斉彬のそばで調練を見学していた時のこと、いつものようにふかし芋が出されて、元碩もいっしょに食べました。その際に元碩が芋の皮をむいているのを見た斉彬が、自分は芋を皮ごと食べながら、

「元碩は皮を剥くようであるが、皮はドウするのか?」

とたずねました。元碩はこまって、

「これは後で戴きます」

と答え、最後に皮ばかり食べる羽目になって兵士たちに笑われたそうです。【注1】

㊉調練の優秀者を取り立て

このような調練はとうぜん国元でも行われました。鹿児島城下士を一番から六番までの組に分け、

それぞれの番ごとに一番から十番までの子組があり、調練の前日になってから、明日は三の八というように子組番号を呼び出して、斉彬がそれを検分したとのことです。

三原経備によれば、そのときに出来が悪ければたいへん叱られたそうで、そうなると組頭が出て必死に稽古をしたようです。逆に出来がよければほうびがでるということで、城下の侍は一五・六歳から六〇歳近くまで、組ごとに寺を借りて老若みな稽古に励んだそうです。特に斉彬の側近たちは皆の手本にならねばならぬという君命があったので、猛烈に訓練したと語っています。

仙巌園で行われた士踊り（2010年7月）

斉彬は調練のようすを見て、出来のよい者がいればすぐに君側に取り立てることも行いました。先代斉興の時代は君側に上がる者は家柄で決まっていたため、努力しても効果はなかったのですが、斉彬は調練のよくできる者、学問の優秀な者、親孝行の者などを君側に引き上げたので、下級武士たちは調練や学問をなおさら励むようになりました。【注5】

士踊りは禁止

いっぽうで斉彬は士《さむらい》踊りを禁止しました。士踊りというのは現在も鹿児島県内の各地に伝わっている踊りで、戦国時代、島津忠良が出陣前に兵士たちの士気鼓舞としてはじめたとか、忠良の孫である島津義弘が戦の訓練のために考えたとかいわれています。当時は娯楽がすくなかったため士踊りはたいそう人気があったそうで、踊り手も熱心に練習し、見物人もたくさん出て大いに盛り上がったとのことです。現代のよさこいソーラン踊り（鹿児島では「大ハンヤ」として、毎年夏に開催されます）のようなものだったのでしょう。

市来四郎によれば、従来どおり士踊りを行いたいと藩老が申し出たときに、斉彬は、

「士の踊りとは何事ぞ。古は兎もあれ、今は調練の道もひらけたる時代なり。踊りに託して軍隊の下馴《したならし》を為すに及ばず。況《いわん》や、其事は浮華淫靡、聞くに堪えざる」

といって却下したので、斉彬在世中は士踊りを行うことがありませんでした。【注6】

本物志向の斉彬の性格から考えて、訓練もどきのような中途半端なものは嫌いだったはずですし、西洋式の軍隊をつくろうとしているときに戦国時代の戦スタイルなどはもってのほかだったのでしょう。

⊕海軍創設

調練は陸上戦の訓練ですが、斉彬は西欧列強と戦うためには海軍が必要だと考えていました。当時の薩摩藩には船手方というものがありましたが、戦国時代の装備レベルでとても列強に太刀打ち

できるものではありません。そのため、きちんとした海軍を新たに創設する必要がありました。ここで問題になったのが格式です。あとで述べますが、薩摩藩下級城下士の身分階層は小番《こばん》、新番《しんばん》、御小姓与《おこしょうぐみ》の三つで、寄合以上の大身分《だいしんぶん》層とは分かれているものの、この三つの区分内では通常の交際が行われていました。しかし小番の家であれば格が上なので、名札に小番と書かれていると、「この家は小番であるか」といって一目置かれたそうです。

そのような時代において、船手方に所属するものは船手士といわれ、格式は御小姓与より下の郷士ランクになります。当時の薩摩武士は貧乏して食えなくても隣の人の下に立つのは嫌という気風だったので、海軍をつくると呼びかけても、手当をもらうことよりも船手士になって格式が下がることのほうが嫌だといって城下士は応募しませんでした。

伊東祐亨（国立国会図書館デジタルコレクション）

そのころのことを、初代連合艦隊司令長官で海軍元帥にまでなった旧薩摩藩士の伊東祐亨《すけゆき》は、こう語っています。

「（斉彬）公この時弊を看破されて、勤労あるものは小番にせらるると云うことであるから、士分の者も海軍に一生懸命従事したものである」【注7】

つまり斉彬は、海軍に志願するものがいないのは他人の下になるのを嫌う薩摩武士の気風にあることを見破って、海軍で努力すれば御小姓与から小番に昇格させることにしたのです。

さあ、そうなると話はちがってきます。下級の藩士たちは海軍に入れば報酬もふえるし、家柄にとって名誉なことだと考えはじめました。それによって海軍志願者は急増し、明治時代には『薩の海軍』とよばれるほど、数多くの優秀な海軍軍人を薩摩から輩出することとなったのです。

さらにもうひとつ面白いエピソードがあります。海軍創設を意識した斉彬は、なんとみずから泳ぎの練習をはじめたのです。三原経備はこのように語っています。

「泳ぎ方は少しやって置かねば万々一の時はと云うので、大奥の御池で水練の稽古を為されました。其の池も私共の背の立たぬ所で、御供は私どもと小児だけで、戸板を外して戸板につかまって水練をなさる。四〇歳以上で水練の稽古をなさるるのでありますから、随分おかしなわけでありますが、段々考えますと海軍隊と云うものを御拵えになったものであるから、私共も右の話をいたしまして、それが下に聞こえて、殿様の御稽古があると云うので下々のものがはげみになろうとおぼしめして、かようのことをなされたことと後で考えましたが、其の時は笑って居りました。そういう殊勝な方で、ひどく劇《はげ》しい事もあり、恐入った事もあります。私共は人並みに足らぬ方であるから始終叱られ、打たれたこともあり、気の早い方でハーと言わるるとへーと行かぬと気にのらぬ方で、マゴマゴして居ると打つと云うようなはげしい御気性

であります」【注8】

海軍を創設したことで済ますのではなく、応募した藩士たちが訓練に励むよう、率先して水練の稽古をしていたというわけです。このように斉彬はなにごとにおいても自ら率先して行動したので、部下たちはいっそう信頼して殿様にしたがったのです。市来四郎はその自叙伝の中で、斉彬の行動について「百般の技業みな率先、みずから研鑽の労を取られたり。故に人々喜びて其の命を聞き、其の令に服し、敢て違拒するものなし」【注9】と述べています。

もうひとつ興味深いのが、斉彬が「気の早い方で」「マゴマゴして居ると打つというようなはげしい御気性でありました」という部分です。斉彬についてはほとんどの人が、いつもニコニコして優しく部下思いの神様のような人物と語っていますが、実はぐずぐずしている部下を叩くようなこともたまにはあったのでしょう。斉彬といえども、やはり普通の人間だったと思わせる話です。

第八章　情報ネットワーク

㊉斉彬の情報収集網は超一流　高橋栄格と三村晴山

新型コロナウイルスが世界の姿を変えてしまいました。政治やビジネスの世界だけでなく、ふだんの生活においても、これまでは当たり前と思っていたものがそうではなくなってしまいました。状況がめまぐるしく変化して不確実性がますます高くなり、これが正解だといえるものがない状態です。しかし、そのような中でも前にすすむために、リーダーは意思決定を行わなければなりません。それには良質な情報をあつめて、すすむべき方向の判断を誤らないようにすることが求められます。

不確実で先が読めないという点では幕末も同様でした。太平の世が終わりをつげて、先の見えないときに、日本という国を正しい方向にみちびいていこうとする指導者の苦労は大変なものだったはずです。現在と同じ不安定な状況下において、海外の情勢や国内の動向について正確な情報をあつめるために、斉彬は超一流のアンテナを広くはりめぐらせていました。
海外については、高野長英や箕作阮甫《みつくりげんぽ》といった当時の高名な蘭学者のほぼ全員が、斉彬とつながりを持っていましたし、藩内でも中原猶介《なおすけ》や松木弘安（寺島宗則）などの才能ある若者に蘭学を学ばせて、彼らからも西洋の知識を得ていました。それだけでなく、長崎の通詞たちからも最新の情報を手に入れていたようです。薩摩の藩主が西洋通であることは長崎のオランダ人たちにまで知れわたっていました。日英修好通商条約締結のため来日したエルギン卿の随伴者ローレンス・オリファントは、こう書き記しています。

「薩摩の領主（島津斉彬：原注）が、長崎のオランダ人駐在員たちの偉大なる英雄だった。彼はたびたび訪問に来るようにと、彼らを招待した。この領主は、われわれの訪問の後に世を去ったが（一八五八年（安政五年）七月二〇日没：原注、実際は安政五年七月一六日・一八五八年八月二四日）、彼はもっとも強力な、また独立した領主の一人であったと同時に、もっとも進歩的な人物だったといわれている」【注1】

さらに興味深いのは、国内の情報収集です。斉彬は幕府や他藩の内情にもくわしかったのですが、それを斉彬に教えていたのは、薩摩藩士ではないふたりの人物でした。ひとりは幕府の最高機密に触れることのできる御同朋頭《ごどうぼうがしら》の高橋栄格、もうひとりは絵師として各藩邸に出入りしていた、幕府御用絵師狩野家の塾頭で松代藩士の三村晴山です。どちらも名前はほとんど知られていないのですが、勝海舟によれば両人ともたいへんな人物だったそうです。

⊕幕府のトップシークレットを知る高橋栄格

高橋栄格は幕府の坊主をたばねる御同朋頭でした。坊主というのは江戸城内で諸役人や大名に茶の接待をする役目で、数百人もいて身分も低いのですが、城中では大名や役人の世話をするのは坊主だけでしたので、彼らの機嫌をそこねると変なところで意地悪をされるおそれがありますので大名や役人は、自分を担当する坊主を馬鹿にしながらも無視はできず、さまざまな贈り物をしていました。その結果、坊主の年収は多いものなら一五〇〇両（現在だと年収一億五〇〇〇万円くらいでしょうか）にもなったそうです。栄格はそのトップにいる御同朋頭ですから、盆暮れにはいろいろなところからの贈り物が山のように届いて、金包みの包み紙をむくための人を雇うほどでした。【注2】

山岡鉄舟（国立国会図書館デジタルコレクション）

普通の坊主はお茶以外のことにはあまり興味をしめさなかったようですが、勝海舟によると、この高橋栄格はたいへんな武闘派のうえに銃器マニアで砲術の技量もとびぬけており、上野池の端の自宅は銃などの器物であふれていたそうです。山岡鉄舟とも親交があり、山岡は栄格のことを「高橋先生」と呼んでたいへん尊敬していま

した。【注3】

江戸城内で御同朋頭の部屋は、老中や若年寄の執務室である御用部屋の隣にあります。御同朋は普通の坊主と異なり旗本などと同じ肩衣を着用して、老中や若年寄の秘書のような仕事を行っていました。公文書を関係の役人に届けるのも御同朋の役目ですが、とくに機密を要するものは、御同朋頭が担当していました。【注4】つまり、栄格は幕府のトップシークレットを知りうる、企業でいうと秘書課長のような立場にあったのです。

渡辺崋山が描いた国宝の肖像画で顔をよく知られている鷹見泉石は、崋山の先輩にあたる蘭学者で、下総古河藩の家老という要職にありました。その泉石の日記を読むと、天保九年一二月一二日に藩主土井利位《としつら》の御手焼雪花御茶碗と御茶一壺を高橋栄格に届けたとあり、一二月一六日には栄格が茶碗の箱書きを願い出たと書かれています。【注5】土井利位は当時老中でしたから、栄格は老中が自作の茶碗にお茶を添えて贈るほどの重要人物だったのでしょう。そのような地位にあって収入も多い栄格が、危険をおかして外様大名である斉彬に幕府の最高機密をもらしていたのは、斉彬の考えに共感して協力していたからとしか考えられません。

⊕諸大名家に出入りできた三村晴山

もう一方の三村晴山は信州松代藩真田家のお抱え絵師で、幕府の御用絵師だった狩野勝川院（木

狩野芳崖「三村晴山像」（東京藝術大学大学美術館所蔵）

挽町狩野家：狩野派の本家で薩摩の絵師の多くはここで絵を学びました）の塾頭として後進の指導にあたり、門下からは狩野芳崖や橋本雅邦といった明治日本画界の巨匠を輩出しています。松代藩の藩主で老中もつとめた真田幸貫《ゆきつら》も、晴山がたいした人物であることを知り、一〇〇石を与えるから絵師をやめて藩士として国事にあたってほしいと頼んだのですが、晴山は、絵師だから自由に動くことができるので今のままで国事に尽くしますといって、藩士になるのを断っています。同じ松代藩の佐久間象山は晴山を「無二の入魂《じっこん》」と呼んでひんぱんに晴山宅を訪れていました。【注6】

晴山は水戸の藤田東湖など当時のオピニオンリーダーたちとも親しく交流していましたが、決して表舞台に立とうとはしなかったようです。勝海舟によれば、佐久間象山（妻が勝の妹）も晴山の言葉には従っていたそうで、たいへんに見識のある人物でした。

斉彬は晴山を一見して彼の非凡なことを見抜き、あるとき晴山を招いて自分の考えを語ったところ晴山もまた斉彬に心服して、それからは斉彬のために熱心に活動しました。

当時は『席画』といって、大名などが宴席に高名な絵師をよんで、お客のリクエストに応じて即興で絵を描かせることがよくありました。幕府御用絵師の筆頭である木挽町狩野家の塾頭ですから、毎日のように各大名から声が掛かっていたと、晴山の家に奉公していた女性が語っています。【注7】

晴山はいろいろな大名家に出入りすることで知った諸大名の内幕や藩内の形勢、藩士の動向などを斉彬に伝えていました。

　余談になりますが、富山藩の記録によれば、他の大名たちを招いてもよおした席画の謝礼として、狩野家に一〇〇両をはらったと書かれています。【注8】じっさい、晴山の前に木挽町狩野家の塾頭だった後藤養山という絵師は、三〇〇〇石の旗本のような贅沢な暮らしをしていたとも伝えられています。【注9】三〇〇〇石といえば現在の貨幣価値で考えると手取り六〇〇〇万円くらいの年収になりますから、こちらも相当リッチです。

　三村晴山と高橋栄格はいずれも歴史の表舞台にでることを嫌ったため、その名はほとんど知られていません。しかし佐久間象山や山岡鉄舟といった幕末の偉人たちに一目おかれるほどの人物でした。そのような人たちが、斉彬に心酔して、斉彬のために動いていたのです。情報のレベルはそれを集める人の能力レベルに比例します。晴山や栄格が斉彬の手足となって動いていたのですから、斉彬のところには最高の情報が集まっていたはずです。

佐久間象山（国立国会図書館デジタルコレクション）

　勝の話では、斉彬が情報収集に薩摩藩士を使わなかったのは当時その役目を果たせるだけの能力を備えた人材がいなかったことと、藩士を使えば薩摩が動いているとわかって幕府や他藩から疑われることを避けようとしたためのようです。【注10】斉彬の慎重さと手堅さがよく

島津家絵師時代の狩野芳崖（島津忠義撮影）（尚古集成館蔵）

狩野芳崖「犬追物図（部分）」（尚古集成館所蔵）

うかがえます。

これも余談になりますが、近代日本画の父とよばれる狩野芳崖は、明治の世になって仕事がなくなり、困窮していました。それを見かねた同門の橋本雅邦らの紹介で、島津家のお雇い絵師となったことがあります。芳崖はこれで生活が安定し、その後アメリカ人の美術史家フェノロサに認められて、一気に日本を代表する画家となりました。島津家の宝物を展示している尚古集成館所蔵の重要文化財「犬追物図」は、お雇い絵師だったときの芳崖の作品です。

この芳崖と晴山の関係は深かったようで、現存する三村晴山の肖像画二幅はいずれも芳崖が描いたものです。また、晴山が江戸における真田家の菩提寺である盛徳寺の御位牌堂天井絵を制作している途中で病没したため、芳崖がそれを引き継いで完成させたという記録もあります。【注11】木挽町狩野家の数ある門人たちの中でもっとも晴山に近かった芳崖が、のちに島津家に助けられたというのは興味深いめぐり合わせです。

島津家の絵師となった芳崖であれば、制作のあいまに島津家が所蔵するたくさんの名画を見せてもらうこともできたでしょう。それによって芳崖の力量がさらに向上し、それがフェノロサの評価につながっていったのではないか、などと想像すると歴史がいっそう面白くなります。

⊕斉彬は栄格・晴山によって勝海舟を知り、支援した

幕末史のハイライトである江戸城無血開城は、西郷隆盛と勝海舟の二者による会談で決まりました。江戸を惨事からすくったのはこの二人だといえます。西郷隆盛が斉彬によって見出された人物だということは誰もが知っていますが、「勝海舟を最初に見出したのも斉彬だった」ということはあまり知られていません。

勝海舟（国立国会図書館デジタルコレクション）

勝が世に出たのは、ペリー来航時に老中阿部正弘が海防に関する意見書をひろく募集したときに、海軍の必要性を書いた勝の意見書が阿部の目にとまったことがきっかけとされています。しかし、じつはそれ以前に勝の名前は斉彬によって阿部に伝わっていました。

勝はもともと身分の低い御家人の出身で、若い頃はたいへんに貧しかったそうです。俸禄は四〇俵しかなかったので、それだけでは家族を養うこともできません。そこでア

ルバイトとして「筆耕」を業《なりわい》としていました。勝は幕臣のなかではめずらしく蘭学を学んでいましたから、おそらくは蘭書の翻訳だと思います。その当時、上等の筆耕料は一枚五〇〇文くらいだったそうですが、勝の筆耕は一枚一〇〇文だったと自分で語っています。

これを今の貨幣価値で計算してみると、まず一俵というのは玄米六〇キログラムになります。農林水産省のホームページで玄米六〇キログラムの価格をみると大体一万五〇〇〇円前後ですから、四〇俵だと年収六〇万円です。これでは生活できるはずがありません。筆耕の一枚一〇〇文というのはおよそ一二〇〇円ですから、こちらもかなりの枚数を書かないといけません。勝の談話を集めた『氷川清話』によれば、極貧だった勝の自宅は畳といえば破れたのが三枚あるだけで、天井板はみんな薪につかってしまい一枚も残っていなかったそうです。勝は生活費をかせぐために筆耕におわれ、夜も机によりかかって寝ていました。【注12】

そんな勝に、一枚一貫文（一万二〇〇〇円）の筆耕料を払ってくれる人があらわれました、それが三村晴山です。はじめはなぜそんなに払ってくれるのかが分からず不思議に思っていましたが、やがて晴山が斉彬にかわいがられているのを知り、ようやく事情が理解できたとのことです。【注13】当時は蘭学を学ぶ者がすくなかったので、勝のことを知った高橋栄格が斉彬にそれを教え、斉彬は勝がどのような人物かを調べるために、幕臣ではない晴山をつかったのだと考えられます。

晴山によって勝の人物を知った斉彬は、やがて勝をよんで軍船のことや貿易上のことなどについて尋ねたり、手紙で意見を求めたりするようになりました。斉彬は勝に「汝のことは、伊勢に頼みおいた」と言っていたそうですが、そのころの勝は「伊勢」が老中筆頭の阿部伊勢守（正弘）のことだとは分からなかったそうです。【注14】というのも、老中はたいへんな権威をもっていて、前田や島津のような大大名に対しても「その方」と呼びかけて命令しましたし、御三家といえども老中に対しては非常にていねいに挨拶するほどでした。【注15】ですから、斉彬が老中のことをあたかも身内のように「伊勢」と呼び捨てにするなどとは思いもつかなかったのでしょう。

勝海舟の研究者として名高い松浦玲氏も、その名著『勝海舟』のなかで、

「斉彬が「汝のことは伊勢に頼み置けり」と何度も言う、その「伊勢」が初めのうちは誰のことか解らなかったというのがリアリティーがあって面白い。権力中枢に近ければ「伊勢殿」「伊勢守様」が常用されており、「伊勢」は筆頭老中阿部伊勢守正弘以外ではありえない。しかし四〇俵の無役小普請では雲の上のことだからピンとこない。また斉彬が阿部正弘を「伊勢」と呼捨てにする仲だとは想像もつかなかった」

と書いています。【注16】

斉彬と阿部正弘が親しかったことは有名です。本田孫右衛門の話では、斉彬はしじゅう阿部家に出入りしていました。しかも、朝訪問して、阿部正弘が登城したあともそのまま阿部の屋敷に残っていることが多かったそうです。阿部老中は非常に優秀と言われていましたが、当時世間では幕府の政治のことの半分は島津侯のご意見であると評判だったようです。【注17】

斉彬は勝がお金に困っているのを知っていたので、

「汝、金なくば入用の度毎《たびごと》何《い》つでも来りて持ち行けよ。其取次は側役山田壮右衛門と申者に申付置くべし。他の人には申べからず。外間（外部か）に知れては面倒なるべし」

と言いました。山田壮右衛門というのは、斉彬二九歳のときから仕えている、側近中の側近です。斉彬は、ほかの藩士に知られては困るので、腹心の壮右衛門に勝の支援をこっそり命じていたのでしょう。【注18】

『氷川清話』には、勝に金銭的な支援をした人として函館の商人渋田利右衛門のことが書かれているだけで、斉彬の話は出てきません。世子時代の斉彬が勝の支援をしていた話は、明治二一年に袖ヶ崎の島津邸に招かれた勝が、島津忠義（久光の長男で、斉彬の養子となって島津宗家を継いだ最後の藩主）と忠済《ただなり》（久光の六男で、久光を祖とする玉里島津家の当主）の両公爵に語ったものです。このとき、勝は両公爵に、

「予曾て三村晴山より砲丸の火口をつくるト子《ネ》リコという木板一枚を貰受けたり。此品は日本になきものなれば大に疑えり、三村如きの所持すべきものにあらずと段々尋ねるに、薩摩侯より五枚程頂戴せりと申たることあり。同人は内外のことに就き余程御内用を勤めしものと思わるなり」【注20】

とも語っています。斉彬が三村晴山を重用していたことがうかがえる話です。

ここでまた余談になりますが、勝海舟が明治二一年に島津邸でのインタビューで、江戸城無血開城について西郷と交渉したときのようすをこう語っていました。

「西郷氏の挙動は平常に異ならず、且待遇も丁寧にて始終安房守様と申され、別に議論がましきこともなく、城明渡のことを議し。私申せり、貴君は予の弁論を要せずして衷情を御存知なるべし。予と地位を替え考えられなば十分御覚りなるべしと申せしに、御尤なり、悉細承知致せりと云う儘《まま》に、別段請書を取るなどの面動も申されざりし。或は大久保利通氏なれば、必ず手堅き請書などなど八釜敷《やかましく》申されしならん。乃ち村田新八を呼出し、明日の進撃は先づ見合す旨を伝えて、後は余談に渉るのみ。予も必至の場合なれば、万一聞入れず進撃とも申さば断然たる仕返しを為す積にて、実は江戸市中を焼打して去る積りなりき。夫故に三六人の仕事師を雇入れ、談判纏まらざれば、立刻《たちどころ》に江戸中に火を付くる覚悟を致し居りたり。談判の次間には桐野等の面々詰居りて眼光尋常ならざりしも、西郷氏のみ毫も平常に異なるの状を見ざりき」【注21】

西郷隆盛肖像（尚古集成館所蔵）

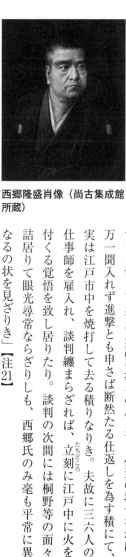

一触即発の交渉で全員が殺気立っているというのに、西郷隆盛だけはふだんとまったくかわらぬ態度だったと述べていますが、面白いのは、交渉相手がもし大久保だったら、証拠書類となる請書を出せなどとやかましかっただろうというくだりです。さすがに勝は西郷と大久保の違いをよく心得ています。

㊉晴山、斉彬の助言で閑叟の怒りをとく

三村晴山に関して、もと松代藩士だった渡邊毅という人が語った面白い話があります。晴山は諸侯のもとに出入りして、さまざまな人の人物評をしていたようですが、それが鍋島閑叟の耳に入って、閑叟が、

「画工の晴山は油断のならぬ者である。アレは我々の内幕を知って、いかなることをたくらむか知れぬ」

とおおいに怒ったことがあります。

そこで、閑叟は晴山の主家である真田家に、晴山をもらい受けたいと申し入れました。そのころの慣習として、鍋島家のような国主大名からもらい受けの依頼があると理由なく拒むことが出来ませんでした。とくに晴山は画工なので、藩の重要な仕事をしているという理由もつけられません。

藩主の真田幸貫もこまって、晴山を呼び、

「ドウいう訳で怒りに触れたか。之を許す時は面目に障り、許さぬ時は大名大名の仲違いになる」

とたずねました。それではじめて晴山は自分をめぐるトラブルが発生していることを知り、主家に迷惑をかけないために覚悟を決めました。幸貫も晴山を失うことをたいへん惜しみましたが、いたしかたなく、晴山を鍋島に差し上げるということが決まりました。

そこで晴山は閑叟に手討ちにされる前に、斉彬に最後の挨拶をしておこうと考えて、薩摩藩邸をたずねました。斉彬は晴山の顔色がただならないのを見て、

「何か心配があろう。如何なる心配か言ってみよ」

と言ったので、晴山が閑叟との行き違いの話をしました。斉彬は、

「其れは心配に及ばぬ。併《しか》し乍《なが》ら鍋島も尋常の者でないから、貴様此で覚悟を極めて行け。覚悟を極めなければ死することとあらん。それで鍋島を見るや否《いなや》大笑に笑え、其中に意味がある」

と教えました。

鍋島閑叟（国立国会図書館デジタルコレクション）

晴山は斉彬の言っていることがよく理解できなかったのですが、とにかく意を決して佐賀藩邸に行くと、すぐに閑叟のところに呼び入れられました。そこで晴山は閑叟の面前に出るやいなや、礼もせずにいきなり口をあけて大笑いしました。閑叟は言葉を出すタイミングを失してしばらくあっけにとられていましたが、さすがの人物ですから、そのわけを悟って、

「晴山、きさまは薩摩に行ったナー」

と言ったので、晴山もやむをえず、

「其通りでござります」

とうなずきました。すると閑叟はたいへんに機嫌が良くなり、

「薩摩守（斉彬）はヒドイ人だ。以来出入りを許すから」

と言われたうえに物まで貰って帰り、それからは佐賀藩邸にも出入りできるようになりました。【注22】

閑叟は斉彬の従兄弟で二人は大変に仲がよかったので、斉彬から閑叟に取りなしの手紙を書き、それを晴山に持たせてもよさそうなものですが、そうはせずに初対面でいきなり大笑いさせて閑叟にその理由を考えさせました。そうすることで、閑叟は「うわさ話をされたくらいで人を殺しては、世間の笑いものになるぞ」という斉彬の意図に気づくとともに、大大名の閑叟の前で大胆不敵に笑うことが出来る晴山の器を理解すると思ったのでしょう。このあとで閑叟が斉彬にどう言ったのか、ぜひ知りたいものです。

㊉晴山の絵に勝海舟が画賛

このような斉彬と晴山の親密な関係をほうふつさせる絵が、長野市の真田宝物館にあります。晴山が描いた獅子の絵に勝海舟が賛をつけたものですが、獅子の絵は明治二五年に亡くなった伊達宗城の遺品にあったものを、斉彬の事績を調べていた旧薩摩藩士の寺師宗徳が譲り受けました。【注

23】墨だけで描かれた早い筆致の、席画と思われる絵です。明治二九年八月に寺師がこの絵を勝海舟に見せて、三村晴山の人となりをたずねるとともに、かんたんな伝記を書いてもらったと史談会の席で報告しています。【注24】

賛は次のとおりです。

三村晴山真田幸貫之　　三村晴山は真田幸貫に仕えた絵師

画師質性超凡得知遇　　非凡な人物で、島津斉彬公の知遇を得た

三村晴山「獅子之図」勝海舟賛（真田宝物館所蔵）

於島津斉彬公聞公薨
欷歔流涕語人云今後
天下更無人眼識之明如
此不数月晴山亦没矣
高橋栄格云晴山殉於
薩州公知遇之感何
深哉偶見其画不堪
懐舊漫記一言於其
後
何時無高士晴山隠
画工瀟洒又宏達詳
察唯有公
海舟勝安芳

斉彬公が薨去されたと聞いて涙を流してすすり泣き
人に語って言うのは、今後は天下に人物はいない
眼識の明らかなるはこのとおり
数カ月もせずに晴山もまた没した
高橋栄格が言うには晴山は斉彬公に殉じたのだと
知遇の思いがいかに深かったか
たまたまその晴山の絵を見て懐旧にたえず
そのあとでとりとめもなく一言を記した
志が高い立派な人物はそうはいない
晴山は画工の姿にかくれているが
すっきりとして心が広く物事の理に深く通じている
それをつまびらかに知っているのは斉彬公だけだ

斉彬は安政五年（一八五八年）七月一六日に亡くなっています。そして晴山もちょうどその二カ月後の九月一六日にコレラで急死しています。晴山は亡くなるまえに持っていたすべての書類を焼かせた【注25】ので、彼がどのような活動をしていたのかはわからなくなりました。高橋栄格が勝海舟に語ったとおり、晴山は斉彬の死に殉じたのでしょう。

第九章　諸大名との交流

⊕幕府は格式で大名を支配

福地源一郎（国立国会図書館デジタルコレクション）

旧幕臣で明治になってからはジャーナリストとして活躍した福地源一郎（桜痴）は、その著書『幕府衰亡論』のなかで、「徳川幕府が諸大名を巧みに制御して恩威並び行われしは、保守政略のために尤も大切なる格式・慣例を厳守して変更せざりしと、諸大名の財政を常に疲弊せしめたるに在りしと云いて可なり」【注1】と述べています。じっさい、江戸時代の諸制度は厳しく定められた格式や細かな作法によって成り立っていました。もう一度福地の表現をかりると、「二百七十余年の久しきに因襲せる厳重なる慣例・格式・作法・礼儀等にて形而下（形式のあるもの：原注）を検束し、遂に形而上（形のない精神的なもの：同）に及ぼし、天下の諸侯を籠絡したること」【注2】によって諸大名の関心を権力闘争ではなく格式のランクアップに向けたことで、天下泰平の時代が長くつづいたというわけです。

　大名たちはそれぞれの家格によって到達できる官位が定められ、それにしたがって衣服から行動までさまざまな規定が設けられていました。その代表的なものが、江戸城に登城したときの控え室となる殿席（殿中席）です。江戸時代の紳士録といえる『武鑑』をみると、大名の名前の右肩に殿席が書かれています。つまり当時の人は殿席をみれば大名のランクが分かったのです。

　島津家に定められた殿席は大広間でした。大広間というのは家門・外様で四品《しほん》以上の官位をもつ大名がはいる部屋で、国主（国持大名、一国をすべて支配する大名）や準国主という禄高の大きい大名たちがここに集まっています。ただし外様でも前田家は別格で、御三家とおなじ大廊下という部屋をあてがわれていました。

　大大名が集まっている大広間ですから、さぞや高邁な話が交わされていたのかと思うのですが、実際はそうではなかったようです。おなじ大広間を殿席としていた斉彬の大叔父（ただし二歳年下）で福岡藩主の黒田長溥《ながひろ》によると、「大広間などの付合と云うは、誠に無暗《むやみ》の人のみ。乱暴人やら愚昧人やらの集り所」【注3】だったそうです。つまり、乱暴者やおろか者といった分別のない人間ばかり集まった部屋というわけです。

　しかし、斉彬があらわれると雰囲気がかわりました。黒田長溥はさきほどの話につづけて「薩摩守が登城すると、是迄がやがやと云いたるに、ちょいと鳴《なり》を止《やめ》んと云うようにて、誠にきまりが能く付いたものの様にありたり。不思議に徳望のある生れ付の人なり」と言っています。レベルの低い人たちが集まってガヤガヤ騒がしかった大広間も斉彬が来るだけで静かになるというのは斉彬の人徳だということですが、なんとなくわかる気がします。

⊕諸大名の兄貴株

本田孫右衛門は、斉彬のことを「御大名には珍しい程の御交際家でありました」と語っています。本田によれば、斉彬のふだんの交際は、福岡藩黒田家（大叔父）、佐賀藩鍋島家（従兄弟）、鳥取藩池田家（母の実家）、岡山藩池田家（池田本家、弟斉敏が養子に）、宇和島藩伊達家（従姉妹の夫）、久留米藩有馬家（九代藩主頼徳《よりのり》夫人が斉彬夫人と姉妹）、越前藩松平家（妻の従兄弟）、福山藩阿部家（老中、島津家二一代吉貴の養女が二代目藩主阿部正福《まさよし》の後室）、熊本藩細川家（「両敬《りょうけい》」といって交際のときに同等の敬称をもちいる相手で、いわば親戚づきあい先）など親戚を中心に多岐にわたっていました。【注4】

斉彬は三歳のときに幕府から世子（お世継ぎ）として認められています。世子は必ず江戸に在住して、藩主が参勤交代で国元にいる時などは藩主の代理をつとめるなど、対外的に藩主と同様に扱われていました。【注5】したがって若いころから他の大名との交流も多く、その人格や識見から皆に一目置かれる存在でした。毛利家で藩主の側近として仕えていた竹中兼和は世子時代の斉彬のことを「当時諸大名の兄株にていらせられたり」と語っています【注6】。

⊕そうせい侯の先生は斉彬だった

竹中兼和は、斉彬が長州藩主毛利敬親《たかちか》（そうせい侯）の先生だったとも語っています。

当時大名が家督を継ぐときは介添役（御師匠役）をたのむという慣例があったそうで、敬親の介添役は斉彬と細川斉護《なりもり》ほか一名がつとめました。斉彬は当時まだ藩主になっていませんでしたが、世子は藩主同様とみなされていたので介添役をたのまれたのでしょう。敬親は一〇歳年長の斉彬から何事によらず教示を受けており、斉彬も毛利家にたびたび足を運んで、藩政についての相談にのっていたとのことです。竹中によれば、当時の大名たちは会っても世間話をして酒を飲むのがほとんどだったのに対して、「敬親も親しく国事上の事柄は打ち開いてご相談せられ」「斉彬公には始終格段の御話あるやに御見受申し上げたり」とありますから、敬親から藩政についてのざっくばらんな相談をもちかけられて、それにきちんと回答するという親身の指導をしていたようです。さらにつづけて、「兵式の事なども操銃の方法より小隊大隊の編制法に至るまで彼是意見を陳べさせられ、蘭式にて見るところ斯く斯くなるも吾はこれを折衷して斯く斯くに定めたりなど一々指示あらせられ御丁寧親切なりき、依《よっ》て毛利家に於ても公の御助言に由り兵式を改正したることあり」とありますから、軍事上の事柄についても具体的な指導をしていたことがわかります。【注7】

⊕広島藩世子の指導役を頼まれる

また、広島藩一〇代藩主の浅野慶熾《よしてる》も斉彬の指導を受けていたひとりです。貴族院議員で初代の千葉県知事もつとめた旧広島藩士の船越衛が次のように語っています。

「私の旧藩主にして、今より三代前の藩主に慶熾と申す方が居りました。是が幼少の時から学問が好きでありましたので、当時其側役の者等が考えますには、どうか善き諸侯を選んで教を受けたらば頗る明君になられるだろう、誰か善き人は無いかと、段々話合を致しました折柄、当時薩州の斉彬公は誠に英明の聞えがありましたから、彼の方に陶冶して貰うたら宜《よ》かろうというので、その慶熾の側役に遠野亘という者が居ります、此者が当時蘭学を学びに或る所へ通学して居りました。其節薩州の藩士に井上正太郎という者があって矢張り蘭学を学び、同じ師匠へ行って居るので大いに懇意になりました。そこで慶熾を斉彬公に御教養を願いたいと申して、井上氏に頼みました所が、井上氏が引受けて呉れまして、其事を斉彬公に申入れました処が幸い快く承諾になったのであります。

それで慶熾は其の後縷々斉彬公の許に往来し、従って側役の者も折々往来して居りました。其側役の中に西本清介という者が慶熾の使で折々書状を持て薩邸へ参りました。其頃西郷翁は江戸詰露地奉行（お庭方の頭：原注）であったが、翁の手を経て其書状を斉彬公に出して貰うたこともあったと、西本より聞いたこともありました。

左様な間柄でありました所が、不幸にして安政五年に斉彬公薨去せられ、続いて慶熾も薨くなったのでありました。そういう関係がございましたから、薩州が英艦と戦うた時に、礼を厚うして正副両使を見舞として遣わしたのであります」【注8】

井上正太郎というのは、斉彬の側近のひとりです。めんどうみのよい斉彬は、井上をつうじた広島藩の依頼をこころよくうけて、二七歳年下の浅野慶熾の先生になりました。慶熾は船越がいうように優秀で、将来の名君と期待されていましたが、おしいことに藩主在任わずか半年で亡くなってしまいます。しかし、この時に築かれた薩摩藩と広島藩の友好関係があったから、薩英戦争後に広島藩から丁寧な見舞いの使節が薩摩をおとずれました。さらに考えれば、慶応三年の薩長芸（芸は安芸＝広島のこと）三藩がとりかわした討幕の盟約もこのような下地があったから、なしえたのかも知れません。

㊉他の大名の失策をかばう

斉彬が他の大名のめんどうをみていた話はほかにもあります。これも本田孫右衛門が語った話です、

「熊本の細川様が登城で、殿中で刀の中身が少しばかり抜けた。退城がけに屋敷においでになって、その時は順聖公ご病気で、ご登城の無い時でありました。それで御病気という事は承知で来たから、ドウぞ御居間に通りたいという事で、御病床に御通りで話があって、それはドウか致しましょうという事で方々へ書面を遣わされて、何事もなく済みました」【注9】

当時の江戸城には細かな規則がたくさんありました。大名は定められた日の決まった時間に、決まった順路で城内に入り、家格に応じて決められた部屋で待機します。城内での動作についても細かく定められていますから、刀が少し抜けたというのは重大な過失になります。「熊本の細川様」というのは、時代的には一二代藩主の斉護《なりもり》かその世子韶邦《よしくに》のいずれかでしょう。城内での失策にあわてて、斉彬が病気でふせっているにもかかわらず、幕府へのとりなしを頼んできたわけです。斉彬のめんどうみのよさと、幕府役人への影響力の強さがよくわかるエピソードです。

同じような話がもうひとつあります。これは二本松藩（現在の福島県二本松市）江戸藩邸の奏者番で明治になってからは衆議院の副議長もつとめた安部井磐根が語ったもので、二本松藩の一〇代藩主丹羽長国が一三歳で将軍に初めてお目見えしたときのことです。長国は後ずさりした際に帯刀をふすまに当ててしまいました。これも本来ならば幕府のおとがめを受ける失策です。しかし、斉彬が「子供のしたことだから」と幕府の役人にとりなして何事もなく済んだので、二本松藩から感謝されたとのことです。

二本松の丹羽家は八代藩主長祥《ながあきら》の妹亭《みち》姫が斉彬の祖父斉宜の後室だったことから、島津家とは親戚になります。安部井はまた、

「斉彬公の年始に御出での際、旧臣一同有難く感じた事である。御取次ぎをしたら、御自身で『おめでとう、左京太夫殿によろしく』と大きくおっしゃった。なかなかハキハキしたものである。アアいう方は見たことがない」【注10】

とも語っています。大藩の大名でありながら偉ぶったところがなく、他藩の家臣にも丁寧に接する斉彬に感心していることがよくわかります。

㊉下馬評

大名や諸役人が江戸城に登城するときは『乗輿《じょうよ》以上』の者以外は大手門の橋の手前にある下馬所で駕籠や馬からおり、従者の数もへらした上で玄関に向かいました。下馬所には『下馬』と書かれた高札が立っており、軽輩の従者たちはその近くに待機して殿様の下城を待つことになります。さらに、下馬所から玄関のあいだには下乗橋があり、御三家などのほかはここで駕籠からおりる定めになっています。駕籠をおりるとさらに従者をへらし、ごくわずかの供侍だけをつれて玄関に行き、玄関を入ったあとは本人だけの行動となります。【注11】

主人が城内にいるあいだ従者たちはひまですから、いろいろな話をして時間をつぶしました。そこでとびかったうわさ話が『下馬評』です。当事者ではない人たちがする話ですから信頼度は低いとはいえ、幕府役人の家来から各藩主の近侍までさまざまな人間が集まっているので、核心に迫るものも案外多かったようです。

斉彬に関しての下馬評もありました。それは、嘉永三年（一八五〇年）に斉彬の母弥姫の実家である鳥取藩池田家と加賀藩前田家の間で起こったトラブルに関するものです。

話は嘉永元年（一八四八年）に、鳥取藩主池田慶行が参勤交代で国許にもどった直後に急死したことからはじまります。慶行には子供がいなかったので、分家の男子を仮養子に届け出たところ、幕府からは前田家の次男喬松丸《たかまつまる》を養子にするよう命じられます。喬松丸の実母は前将軍家斉の娘溶《やす》姫ですが、池田家とは全くつながりがありません。理不尽な縁組を命じられた鳥取藩には不満の声がわきおこります。しかし幕府にはさからえず、やむなく喬松丸を藩主に迎えました。

嘉永三年、その喬松丸が参勤交代ではじめて鳥取にむかう途中、伏見にて急死しました。突然の死で、しかも前田家が差し向けた名医の診察や道中の世話をさせようとした従者の派遣を池田家の家臣がこばんでいたことから、前田家では喬松丸が毒殺されたとのうわさがひろがり、両家の関係はひじょうに険悪なものとなりました。

これを心配したのが、本家である岡山池田家です。当時の当主池田慶政は島津重豪の次男奥平昌高の十男で、天保一三年（一八四二年）に亡くなった斉彬の弟斉敏の養子になって池田本家を継いでいました。斉彬から見ると一四歳年下の甥です。

慶政は鳥取藩の家老の誰かが喬松丸急死の責任をとって切腹することを期待して問いかけましたが、誰も名乗りでてきません。そこで慶政は藩の主だった者を集めて、責任はすべて自分がとるから、以後自分の指示にしたがうよう申し渡します。そうしておいて、慶政がおこなったのが、水戸斉昭の五男である五郎麿を藩主に迎えるという奇手でした。

喬松丸も鳥取池田家と何のつながりもありませんでしたが、こんども全く血縁関係のない水戸家から養子を迎えることにしたのです。水戸家は御三家であり、のちに十五代将軍になる一橋慶喜は五郎麿の弟にあたります。水戸家に入られたのでは前田家も手出しができません。心配された前田家と鳥取池田家の確執も、五郎麿が藩主になったことによって収まり、五郎麿を迎えるという決断は幕府のみならず諸藩からも大いに称賛されました。

下馬評では、今回の対応は慶政の背後に斉彬がいて、すべての指示を出したに違いないといわれました。というのも、五郎麿を藩主に迎えるという大胆なシナリオを考えつき、さらに幕府や水戸家を巻き込んでそれを実行するのは若い池田慶政ではとうてい無理な話で、このようなことができる人物は島津斉彬以外にありえないと誰もが思ったからです。【注12】
この話は明治二六年に『朝野新聞』に掲載されました。毒殺うんぬんについては、旧鳥取藩家臣から誤報だとして長文の修正要求が出されています。しかし真相はどうあれ、当時の人々が斉彬をどのように見ていたかがわかるエピソードです。

ここで話はそれますが、東京大学の本郷キャンパスは江戸時代には加賀藩前田家の上屋敷でした。有名な「赤門」は、この話にでてくる溶姫を前田斉泰の嫁として迎える（前田家のような三位以上の大名に嫁いだ将軍家の姫君は「ご守殿様」とよばれ特別扱いされます）ために前田家がつくったものです。島津家の別邸であった鹿児島仙巌園の中にも錫門という朱塗りの門がありますが、知名度では圧倒的に負けています。

仙巌園にある錫門

第十章　身分の壁

⊕薩摩武士の身分階層

江戸時代は、幕府にかぎらず各藩においても、重要な役職につけるものは上級武士にかぎられていました。薩摩藩のばあい、幕府における御三家にあたる御一門家（四戸）、一所すなわちひとつの外城《とじょう》をもつ領主である一所持《いっしょもち》（一七戸）、外城をもたないまでもそれに準ずる領地と家臣団をもつ重臣の一所持格（四一戸）、寄合（五四戸）、寄合並（一〇戸）という五つのランクを大身分といって、藩の主要な役職につけるのはこの合計一二六の家の当主にかぎられていました。

先に述べたようにその下には城下の下級武士である、小番（七六〇戸）、新番（二四戸）、御小姓与（三〇九四戸）の各身分階層があります。西郷隆盛や大久保利通はこのなかでいちばん下の御小姓与の出身です。ただ、彼らは鹿児島城下にすむ城下士であり、その下には城下をはなれた外城にすむ郷士や与力という身分の人たち、さらにまたその下には一所持などの私領主の家臣である家中がいます。これらの階層のあいだには、今日ではとても想像できないような厳格な差別がありました。たとえば寄合以上の大身分の人たちは小番以下とは行き来がありませんでした。鹿児島独特の教育としてよく知られた郷中教育においても、大身分の子弟は加わっていません。城下であれば、小番から御小姓与の階層の青少年だけがメンバーです。また、城下士と郷士の間にもひどい差別がありました。城下士最下層の御小姓与でも、そこは城下士ですから、郷士や家中をまるで自分の家来のように見下していたそうです。【注1】

⊕上級武士に人材なし

上級武士が自分の立場を理解してしっかり勉強すればよいのですが、勉強してもしなくても管理職ポストに就けるのであれば、勉強などしなくてもよいと考えてしまうのは人間の心理としてよく分かります。斉彬もこの制度が優秀な人材の登用に大きな障害となっていることをじゅうぶん承知していましたが、二百年以上にわたってつづいてきた仕組みですから、藩主といえども簡単にやぶることはできません。薩摩の上級武士に人材がいないことは斉彬の大きな悩みでした。斉彬は親しい親戚の黒田長溥にそれをしょっちゅう嘆いていたようで、長溥はこう語っています。

「家老中大身のものに一人も用立つもののない、丁度《ちょっと》入組みたる使いでも遣わすもの寡《すくな》し、是には差支える。と申されたる事たびたびなり」【注2】

身分制社会ですから、殿様の使いとなれば相応の地位にあるものを遣わさねばならないのですが、その役目をはたすことができる人材がいないと嘆いています。

長溥は大叔父とはいえ年齢としては二歳違うだけですから、斉彬を子供のときからよく知っていました。父（斉彬には曾祖父）の重豪や兄の斉宣が若い斉彬をほめているのを聞いているだけでなく、「相談相手にして宜しきは諸大名には外に少なし」とアドバイスされたこともあるそうです。それで長溥は黒田家の養子になってから、福岡藩の運営についてさまざまな相談を持ちかけていました。「重役の進退等は一々相談せざるはなし、在国の時は書状を以て申遣せば、家来共の行状旁迄我よりも能く彼心得居《こころえおられ》驚入る事多」かったと語っていますから、重要事項はすべて斉彬に相談していたのでしょう。まさに長溥は斉彬を心の底から信頼していたのです。元老院大書記官をつとめた黒田家の旧臣早川勇は当時のことをふりかえって、

「筑前と云うものは勿論藩主の縁があってか島津家と始終往来を致しまして、其頃の主人は島津家から養子に参った長溥と申すは斉彬公とは余程懇親の間でござりまして、血縁の間のみならず、斉彬公を神明の如くに信じて居られました。故に黒田家の臣下のものも悉く《ことごと》島津家を慕うております」【注3】

と語っています。

㊉指導のうまさ

もっとも、勝海舟によると、出来のわるい部下の指導方法は異っていたようです。

「(黒田家の)家来などは(開化的なことは)不承知である。順聖公は家老が分らぬから講釈して呉れと云うことであった。お前は馬鹿だとも言わずに遣らるるが、それは黒田には出来ぬ。歴史もそういう事から砕かねば意が達せず、只書面の事は分らぬ」【注4】

斉彬は部下の話をよく聞き、相手の意見を頭から否定するようなことはしませんでした。話をしっかり聞いてやった上で、相手が理解できるようにわかりやすく説明しています。それによって部下はやる気を出し、それが成果につながっていきました。そして部下にどこかすぐれたところがあれば、多少の欠点には目をつぶっています。示現流の高弟山之城はこんな話をしていました。

「或時近侍の者が、馬術の師範川上十郎左衛門が酒に沈酔するを譏《そし》ることを御聞きになって、成程川上は酒癖が悪いが、家業に熟達すれば、咎立てする程の事はない。川上は馬乗である、他人は馬に乗せらるるではないかと御話があったと申します。御着目が違うと人が感じたことであります」【注5】

島津久光（公爵島津家「記念写真帖」より）

七年半という短い藩主在任中にあれだけの業績をあげることができたのは、斉彬の人づかいの巧みさがあったからでしょう。しかし、これはなかなかできることではありません。生まれたときに将来のポストが決まっているような封建社会ではなおさらのことです。勝は、ここが斉彬と長溥の差だと見抜いていました。

ちなみに、先ほどの斉彬が長溥に言った「大身のものに一人も用立つもののない」にはつづきがあります。

「弟周防（久光公旧名：原注）は学問もあり、咄相対《はなしあいて》になるは此一人なり。江戸へ四五年も出し、取馴れるようにいたし度心得なりと被申《もうされ》たる事あり。如何計りの人物か一度も面会せざる人故、如何の人かとおもい居たりしが、果して見込通りに死後の処、維新の次第共を以見れば、見込居られたに違わざりしとおもえり」【注6】

斉彬は薩摩の上級武士のなかで久光だけは優秀だと見抜き、江戸に四五年派遣して、世慣れさせたいと考えていました。江戸住まいの斉彬と違って久光は薩摩から出たことがなかったため、親戚の長溥も面識がなかったのですが、斉彬の死後に活躍するようすをみて斉彬の見込どおりだと思ったようです。

⊕賄賂をつかえ

人材の登用に関して、旧土佐藩士で山内容堂に仕えた細川潤次郎が語った、容堂と斉彬の興味深いエピソードがあります。どうすれば優秀な下級武士を抜擢できるか、容堂が斉彬に問いかけたときの話です。容堂が、

「国政を改革するには人才を得るにあり。然かるに人才を用うるに旧来門閥の内には人才なし、反《かえっ》て其下にあり。然るに之れを用いんと欲せば、兎も角老臣等に於て家格門葉を主張して之れを拒み、任用すること難し。如何せば之れを用ゆるに手近き手段あるや」

とたずねたところ、斉彬は次のように答えました。

「予も人を用ゆるは大に困難を極めり。之れ十分機密を要することにて、容易ならず。然し茲《ここ》に一法あり。其法とは君の手許より任用すべき見込の人へ金を遣わし、彼をして内密家老等

を籠絡せしめば、稍《よう》く同人の所為を悪まず、反て褒むるに至らん。然れば自然同人を推挙するに及ぶべし。之れ事に障《さわり》なし、又過なく円滑に事を弁ずるに至るべし」【注7】

現代文になおすと、容堂が

「藩の政治を改革するためには、優秀な人材を得ることが必要です。しかし、旧来の門閥には優秀なものがおらず、かえって下級武士の中に人材がいます。そのような人間を用いたくても、家老たち重臣が家の格が低いとか一門でないからダメだなどと主張して拒否し、任用することができません。簡単にできる手段はありませんか?」

とたずねたら、斉彬がこう答えたということです。

「私も優秀な人を用いるのは非常に困難なことが多い。人事というのは機密を要するので、簡単にはいかないものだ。しかし、ひとつの方法がある。その方法というのは、君の手元にある金を任用したい人に与えて、彼がそれを使ってこっそり家老たちを篭絡すれば、家老たちは彼のことを悪くいわず、かえってほめるだろう。そうなれば自然と彼を推挙するようになる。それによって、トラブルを起こさず円滑にことをすすめられる」

要するに自分のポケットマネーを渡して、家老たちに賄賂を配らせろという話です。まだ若かった容堂はそのような不正はできないと反発して、実行しませんでした。容堂は細川に「薩摩守誠につまらぬ事を申したり」といって、この話をしました。それを聞いた細川も、その時は容堂の潔癖さに賛同したそうです。しかし、明治になって元老院議官などを務め、さまざまな苦労を経験したあとでは斉彬の卓見に感服し、自分たちの考えは浅薄だった、もし容堂が存命であればおなじ意見だろうと語っています。

斉彬が賄賂を勧めたことについては、作家の司馬遼太郎と江藤淳の興味深い対談もあります。

司馬　「金の力をさらりと借りるというか、その豪傑ぶりというのは勝からはじまる、といっていいでしょう」

江藤　「そうですね」

司馬　「ただ、勝はともかく、江戸時代の政治家はだいたい小粒ですね。えらいのは島津斉彬かな。この人は、ある大名から家督相続について、幕府が容喙するので困りますと相談されて、賄賂を使いなさいと、実に簡単にいう。斉彬自身は賄賂はいやなのです。原則としてそういうことには反対です。しかしそれはそうだが、いまの幕府ではこうするのがいちばん早くて、たしかだということを知っている。それなら賄賂を使え——。これは金の使い方を知っているのですね」

江藤　「ほんとにそうです」
司馬　「一格も二格も上でないと、金は使えないですね。もらう側と同格のやつが渡しては、これはいけない。金を出す人間のえらさというのは大事で、つまらないやつが出す金ほど汚いものはない。いったい、いまの日本の政治家でさらりと金を出せるのがいますかね」

（司馬遼太郎対話選集3「歴史を動かす力」文春文庫）【注8】

斉彬は非常にストイックで不正をきらいました。たとえば安政元年（一八五四年）一月にだした諭達書では、進物贈答の悪習をなくすためには上に立つものが進物を受け取らないようにすればそのような習慣は自然になくなると諭しています。【注9】

とはいえ容堂にアドバイスしたように、目的を達するためであれば賄賂をつかうことを平然と勧めるというきわめて現実的な面もありました。司馬遼太郎さんのいうように、人間の格が他の人より「一格も二格も上」だったからでしょう。

⊕身分制が厳しい土佐は脱藩者続出

身分をこえた人材の登用について、土佐藩においては優秀な下級武士がいても、賄賂をつかって引き上げるようなことまではしませんでした。その結果、どうなったでしょうか。旧土佐藩士で板垣退助について戊辰戦争をたたかい、日露戦争では陸軍中将として指揮をとった阪井重季《しげすえ》は、幕末の土佐藩をつぎのように回想しています。

「私の藩の有志という者は、ドンドン長州へも行きました。其他にも出ましたが、とても内に居てはいかぬということで、勤王家という者が、脱藩をして志を立てようということになったのであります。国に居て我君を奉じてやったらば宜かりそうなものでありますが、それはまだ出来ぬ事情があります。それは何ぜかと申せば、旧幕の太平の時分の制度は何処でも同じでありましょう、先以て家老とか、物頭とか、馬廻とか、或は小姓組とか、徒士とかいうて、ズッと階級が定まって居て、幾らの知行を持つ者でなければ、参政にはせぬ、或は物頭にはせぬということがある。又どれ丈け学問が出来る人物であっても足軽とかいう者になって居る。士以上になる者は格式がなければ役をさせぬということであって、人才がどれ丈け居っても、登庸することを許さぬ。又登庸する道がないということになって、総て手腕のある人間を押え附けて仕舞った。

それ故我が藩の如きも、段々有志が居りますが、内に居っても仕方がないというので脱藩をしました。その中で最も重立った者は、坂本龍馬、武市半平太を初め、有志の者は皆国を去たのであります。国に居ては門閥階級

坂本龍馬（国立国会図書館デジタルコレクション）

に押されて仕事が出来ぬから国を出て行たので、これは何処の藩でも同じ様であります。斯ういう様なことになって私等の国では誠に人材を内に使いこなすことが出来ぬで、皆天下の各藩へ出て行たという、これが其当時の状況でありました」【注10】

幕末の土佐藩で有名な後藤象二郎や板垣退助は上級武士だったので、藩の枢要な地位について活躍することができましたが、下級武士（郷士）の坂本龍馬や武市半平太は脱藩しないと腕をふるうことができなかったのです。一方、薩摩では優秀な人材であれば、斉彬が西郷隆盛をつかったように、下級武士であっても重要な役目をになわせました。

とはいえ薩摩でも昔からの厳重な規則に守られた身分の壁は厚く、斉彬といえども簡単に排除できるようなものではありません。そこで斉彬がつかった『裏技』について、市来四郎がこう語っています。

「御本丸の御庭内に御書籍蔵がありまして、和漢洋の書籍が沢山蔵めてござりました。其出し入れ彼れ是れ一切の事を掌られて、我々などが何々の書を御出し下されなどと申すと、公へ申上げられて出し入れの事を司られたでござります。如此《かくのごとく》御書籍係りと申すは名義で、実は機密の御用仰せ付けられたでござります。公は其辺の処は宜い工合いに為されたでございます。私共の職務も御庭役というは名義でござりました。軽い役目で御座敷へ通って御用を伺うことは出来ません。表御側の別が厳重な御規則でござりました。其処で此御庭役と申しまするは、御庭より御椽側に参られるもので、即ち幕府の大庭番に擬したものであったそうでござります。斯く厳格な御規則は安永天明頃よりのことで、夫れ故機密な事は御庭役が致して居りました。西郷なども御庭役で機密の御用は直命になりて運動を致したでござります。私共は西郷などとは同日の話にはなりませんけれども、勤務の名に於いては同役でござりました。御用の事柄は違いますけれども、随分機密の事を御命じになりました。其処で御小姓の中にもそんな御取り次ぎを致さるる故御小姓に係りという名義がありまして、所謂学問上の名義で置かれたでござります。それが真に時勢適当な御処分であったと思われます。（中略）右様な訳から御書物係りという名義でお仕いになったでござります」【注11】

斉彬のあとを継いだ忠義・久光も斉彬と同様に下級武士に重要な役目をになわせ、さらにポストもあたえたので薩摩では脱藩者が少なく、それが明治維新における薩摩藩のパワーにつながったといえるでしょう。

⊕幕府も人材登用できず、慶喜は薩摩をうらやむ

優秀な人材の登用については、一五代将軍となった慶喜も旧例の壁にはばまれてできず、薩摩をうらやんだということです。渋沢栄一のもとで『徳川慶喜公伝』の編纂にたずさわった歴史学者の藤井甚太郎が慶喜から聞いた話です。

徳川慶喜（国立国会図書館デジタルコレクション）

「其時に旧例古格の厳守につき、詳しく事情を御話遊ばしました。其御言葉に依りますると、徳川家に於ては、京都の形勢が斯の如き有様であるからというので、所謂探索者の如きを京都に差遣わすにしても、それには頭の良い者を遣わしたいと思っても、側の者の方でそういう家柄の者が京都に御使を勤めた例がかつて御座らぬという。又そういう御役の者が京都に大切の御用を務めたことは御座らぬというて皆が拒む。そこで京都の方に事情を探りに出す者は、やはり旧来の時と同じように例ある家柄の者、又同じような役柄の者丈が勤める。それが自分の智識によって京都の事情を見て来て、そうして江戸の方に報告を致すに止まる。要するに二流三流の者が探索をして来るのである。

ところが薩長あたりの者共を見ると、是は全くそれと反対であって、大久保、小松、西郷、或は木戸というような、第一流の人が自ら京都に出て居って、そうして臨機応変の処置を其場で致して居る。

自分が驚いたのは、彼の長州再征の折の事であった。此度の再征の出兵は薩州藩に於てはどうしても兵を出すことの御請が致し兼るという書面を、京都に居る薩州の重臣共が出した。それに松平修理大夫の名前が載って居ない。そこで是は御前達がすることで、藩主の名前が載って居ないではないかということで、其の書面を差下すと、恐入りましたというて引下った。そうすると其の翌日にチャンと名前を書いて出した。そこで昨日の書面は何等《なんら》藩主の名前が無いのに、今日出すのにチャンと名前が書いてある。タッタ一日の内に薩州に往復した訳でもあるまいということで、評議をして其訳を質すと、確か岩下であったと思うが申すには、御尤でござりますが、実は私共国元を出まする際に藩主が申しまするには、上国の事に就ては御前達に一任をするから、凡ての事乃公《だいこう》（じぶん）に代って処置をしろという上意を私共は蒙って参って居るのであります。それで勝手ながら主人の名前を書きました次第でございますといって、薩州が第二征長の役に兵を出すことは御請を致し兼ると、斯ういう意味のことであった。

それを見て自分は驚いたのである。総て幕府の事はそういう役柄とか家柄とかいう事に由って、万端の事に手重《ていちょう》な手続を執って居るのに、薩州あたりはそういう早い手続を執った。

此の人物の抜擢ということに就ても、自分は兼々彼の者は偉い人である、彼の者は斯ういう風な役に使ったら宜かろうということを思うて、それをいうて見るけれど、皆旧制古格を楯に取って、自分のいうことが行われなかった。自分の一生の中に於て一番抜擢の例は目付永井玄蕃頭を若年寄にしたが、是より以上の抜擢は将軍家と雖も為すことが出来ないものであった、という御話でありました」【注12】

薩摩では斉彬が先鞭をつけ、それを忠義・久光がさらに拡大したことで優秀な人材を登用する道筋がつきましたが、旧態依然とした幕府では将軍といえども適材適所の人事を行うことができませんでした。時代の変化に対応できなかった徳川幕府は、こうして衰亡への道を進んでいったのです。

⊕地位と任務は別

斉彬は抜擢した人のつかい方も上手でした。身分のひくい者を要職につけると、それだけで周囲の反感をかうことはまちがいありません。また、本人も自分はえらくなったと思い違いをして、失敗する可能性もあります。斉彬は各人の個性におうじて、任務を割りふっていました。西郷を庭番にしてつかったことについて、勝海舟はこう言っています。

「鹿児島にもアレだけ人が居っても順聖公の内心は知らぬ。西郷は独り知って居る。アレは国情があって身分の低い者を急に取り立てることが出来ず、又そうしては当人の為にもならず、其儘に置かれた。その深慮には感心した。

西郷ほどの者は取り立てて貰うても喜ばす、庭造りで居て機密に与かるから一生懸命にやる。唯吉之助と云う者があると云うことは仰った。お取立てがありますかと云うと、今取立てては功を成さぬと言われた。西郷は椽側に来て南天を切るとかアノ木を移すとか云う事をして居るものであるから、国の者は誰も知らぬ筈であるので、反て機密を申付けられてある。感心なものである」【注13】

余談ですが、勝海舟は斉彬や西郷と親しかったことが自慢でした。とくに薩摩出身者には、いばっていたようで、

「先達って、薩摩の者らに話す時に、そう言った。オレの言う事を、オレが言うと思うナ。順聖公のお心持は、オレが一々知っている。また西郷はオレの知己だ。今日言う事は、順聖公や、西郷の言う事と思って聞ケとおどしたら、皆が閉口してたいそう感激したよ」

と語っています。【注14】

「閉口する」は、現在では手におえなくて困るとか辟易するという意味でもちいられますが、当時書かれたものでは単にだまって聞いているという意味で使われていますから、旧薩摩藩士たちは勝の話をありがたがって聞いていたようです。

第十一章　斉彬の死と安政の大獄

⊕安政の大獄は斉彬が存命なら起きなかった？

島津斉彬が急逝したのは安政五年（一八五八年）七月一六日でした。死因はコレラとされましたが、当時長崎にいたオランダ人医師のポンペは「まんざら偽りでもないらしいが、侯は毒殺されたのだともいう」と書き記しています。【注1】本当はどうであったのかははっきりとは分かっていません。

そうして斉彬が亡くなってすぐに、安政の大獄がはじまりました。これは大老の井伊直弼が反対派を弾圧したものですが、市来四郎は、当時の薩摩藩上層部について「御家長久薩隅日平安をのみ祈り、幕府に対して恐ろしがって居る」ばかりで、「斉彬が存命なれば、必ず越前様（松平春嶽）や尾張様（徳川慶恕）如きの押隠居にも違いないという説もあって、御家の為め、薩隅日の為めには早く御隠くれで宜かったと云う事でござりましたそうです」と語っています。【注2】

当時は井伊大老による粛清の嵐がふきあれていて、一橋派は公家や大名であれば引退や蟄居、幕府の役人なら解任や左遷、吉田松陰や橋本左内など主だった活動家は死罪になりました。斉彬と行動を共にしていた伊達宗城や山内容堂も、幕府の圧力で隠居させられています。薩摩藩の上層部が、一橋派の大物である斉彬が存命だったら薩摩も罰せられたに違いないと考えたのも無理はありません。

伊達宗城は、井伊直弼が斉彬を罰することはなかっただろうと語っていました。直弼は斉彬とあまり親しくはなかったものの、内心では頼りにしていたからだそうです。

宗城の父宗紀《むねただ》は直弼の従兄弟にあたりますが、斉彬が亡くなったとき、直弼は宗紀に、

「此間《このあいだ》御子息（即ち宗城公：原注）来て、薩摩守（斉彬）卒去につき御哀惜ありし。拙者にもまことに痛惜に堪えざる次第なり。御子息には兼子々《かねがね》余程御懇交なりしよし、嘸《さぞ》かし御落胆のことと察す」

井伊直弼肖像（豪徳寺所蔵）

と声をかけました。ところがそのあと藤堂高猷《たかゆき》から、

「薩摩守卒去せしに付ては、井伊は安心せりと申したり」

と聞いたので宗城は立腹して、次に直弼に会ったときに、

「薩摩守卒去して安心せりとは失敬千万の言なり。英明の人物にして、御国の為め勤労を尽されたる人を喪いたるは痛嘆すべきことなりと信ぜり」

とくってかかりました。直弼は藤堂の言葉を否定して、

「藤堂は軽薄の人なり。寔《まこと》に困り入る。藤堂の軽薄人なるの証拠を申せば、薩摩守存生のときには懇意なりと申し、予にも懇意になれとて勧めしこともありしに、死して斯く話すは十分当に成らざること共なりし」【注3】

と説明したそうです。

宗城の見解では、直弼のこのような言い方から察すれば、安政の大獄時に斉彬が存命であっても幕府のとがめを受けることはなく、仮にとがめられたとしてもただ『叱り置く』くらいのことにとどまっただろうし、ちょうど帰国中だから別段のことはなかっただろうとのことです。

また藤堂高猷と斉彬の交際について宗城は、

「藤堂は稍々《しょうしょう》軽々敷人なりし故に（斉彬）公にも御嫌いなりしが如きも、尋常一辺の御交際は為され、互に音問往来はなされたり。或は馬乗りを為し、又は巣鴨の邸に招かれ鴨狩等為されて、表面少しも御嫌いの情なかりき。之れ公の度量の大なりしを知るに足ることなり」【注4】

と称賛しています。斉彬の人付き合いのうまさがよくわかる話です。

さらにつっこんで、斉彬が存命であれば安政の大獄はあのような厳しい処分にならなかったと言っている人がいます。斉彬の相談相手だった大叔父の福岡藩主黒田長溥です。長溥はこのように語っています。

「井伊が尾張其外公家中などを暴《てあら》に取計いたる事も、考うに薩摩守が存生ならあのようの事は不致《いたさず》、又井伊も気の利いたもの故、相談いたし、品能く取計の都合ならんかとおもえり、井伊は中々一と通りの人物にはあらざりし故、（斉彬を）味方にして相談するは必定なり」【注5】

⊕斉彬と井伊直弼

斉彬と井伊直弼は、佐賀藩主の鍋島直正（閑叟）を通じてつながっていました。閑叟は祖母が井伊家から来ていたので、直弼とは父親同士が従兄弟になり、親しく交際していました。

彦根藩邸を訪れた閑叟と直弼の会話を、給仕として末席にいた直弼の小姓武笠源次郎が聞いていて、それを彦根藩の幹部だった石黒伝右衛門（のちに務と改名し、静岡県大書記官や福井県知事を歴任）に伝えたこのような話があります。

「安政の初め鍋島斉正卿（後閑叟：原注）江戸桜田の井伊邸に来訪あり（鍋島家と井伊家は親戚にして、又卿と直弼は親善なり：原注）。酒間共に胸襟を開きて談話時を移す。談偶々《たまたま》諸侯の事に及ぶ。直弼問うて曰わく、卿は諸侯に交り多し、其人物に就て賢愚得失の差あらん、請う之を示せと。其人名を扮《あわせ》て問うもの数回。誰は如何と、卿曰わく彼は不肖也、又誰は如何と、彼は不可也と。概ね其問う所の人を非難し、卿の眼中殆ど称誉すべき人なきが如し。此際遂に斉彬公の事に及ぶ、卿形ちを改めて曰わく、是は非凡の英傑也、其識高く量大に尋常の諸侯を以て比す可きものに非ず。余の常に深く感服して争う可からざるものは独り此公のみ。足下も此公に交る可し、蓋し益すること少なからざる可し。公の英邁なる言行を語りて、深く感称せられたりと」【注6】

大名諸侯の人物評を求める井伊直弼に、閑叟は「あいつはできが悪い、そいつはダメだ」などと酷評していたのに、斉彬の評価をきかれると、とたんにいずまいをただして、「非凡の英傑で、比べられる人はいない。私が感服しているのは彼だけだ。あなたも斉彬公と交際しなさい、きっとためになるから」と絶賛しています

石黒はまた、このような話も伝えています。

「直弼或時其侍臣への話しに、三百年の太平人臣皆愉安に生長し、大名中に人物の寡《すくな》きは実に嘆息の至り也。就中譜代の諸侯は殆んど地を払いたるが如し。然れども薩摩守（斉彬）、肥前守（閑叟）、肥後守（会津藩主松平容敬《かたたか》、容保《かたもり》の養父）の如きは傑出の名主なりと」【注7】

おそらくは閑叟の紹介だと思われますが、斉彬と直弼は共通の親戚になる閑叟の佐賀藩邸で会うようになりました。当時のようすを、佐賀藩士だった大隈重信がこう回想しています。

「閑叟は水戸と幕府との軋轢に関して、表面は局外中立を為せしが如くなるも、其実は寧ろ井伊に心を傾けしやも知るべからず。是は只余が一己の憶測たるに過ぎざれども、井伊が大老の身を以て数々佐賀邸に来遊し、斉彬も亦同席したることもありと言えば、必ず推料に違わざるべきか。（中略）井伊と斉彬と藩邸に来りて、如何なる協議を為し、又如何なる談論を試みしや、固《もとよ》り秘密を旨としたる事なるべければ、今はこれを審《つまび》らかにするに由なけれども、当時彼（閑叟）の往復は水戸に於けるよりも、井伊に対して頻繁なりしは固より外表に於て疑うべくもあらず」

【注8】

安藤広重「山下御門之内」（日比谷佐賀藩上屋敷）国立国会図書館デジタルコレクション

黒田長溥は斉彬となんでも相談しあう仲だったので、このような斉彬と閑叟・直弼の関係も知っていたでしょうから、斉彬が存命であれば井伊大老は間違いなく斉彬に相談したはずだと考えたのでしょう。

斉彬と閑叟は本当に仲がよく、さまざまなことを相談していたようです。それだけに斉彬の突然の死は、閑叟に大きな衝撃をあたえました。斉彬とともに国事に尽くそうと話し合っていた閑叟が斉彬の死を知ったときのようすを、大隈はこう語っています。

「両雄の交誼よりして察するに、疑もなく国家の為めに将来の方針を定め、相提携して大に為す所あらんことを計議せしものならん。然るに何の不幸ぞ、間もなく斉彬も亦コレラの侵す所となりて長逝せり。閑叟は之れを聞て痛く失望せり、落胆せり。蓋《けだ》し此失望落胆は単に二人の交誼上よりして刺激せられたる感情に止まらず、其国家の為に将来計議を共にするものなきを知りしより来りしものならん。実に斉彬の死は閑叟の運命を奪いたるものと謂べきなり」【注9】

⊕照國大明神

斉彬は、文久二年（一八六二年）従三位権中納言を追贈されます。これは、斉彬の遺志を引き継いだ久光が勅命をうけて大原重徳とともに江戸に赴き、幕府との交渉に成功したことへの報償です。はじめ朝廷は久光を叙任しようとしましたが、彼は兄のやろうとしていたことを行っただけだと辞退し、かわりに故斉彬への贈官を願い出ました。

そして翌文久三年、斉彬は「照國大明神」の神号を下付されて、鹿児島城のそばに照國神社が建立されます。

斉彬の死後半世紀以上が経過したのちも、鹿児島の人々はかつての藩主の遺徳を偲んでいました。大正一三年（一九二四年）に鹿児島を訪れた外崎《とのさき》覚（陸奥弘前藩出身で宮内省陵墓監をつとめた歴史学者）は、照國神社をたずねたときのことをこう語っています。

「彼の地に行って私共に非常によく感ずることは、県庁に行くところの人、或は学校に出るところの人、そういう人々があすこに祀られて居る所の島津斉彬公所謂《いわゆる》照國神社という別格神社がありますが、その神社の前を通る時は、学生にせよ役人にせよ必ず脱帽をして礼をする。それだけは非常に私に浄い感じを与えた。私は所々を廻って居りますが、このように道路を通る人が皆帽を脱して礼をするのを見たことが無いのであります。これは旧藩主と土地の人々との連絡がよく付いて居るので、非常に結構であるという感じを起したのであります」【注10】

照國神社（大正時代の絵葉書）

斉彬は藩主だったわずか七年半のあいだに、領内のすべての人から慕われるようになっていました。そして、それは亡くなったあとも変わりません。斉彬を祀る照國神社は鹿児島市の中心部にあり、今も多くの人々が参拝におとずれています。

〈コラム〉
容堂の冗談で二人が隠居に

安政の大獄で斉彬の盟友である松平春嶽は幕府から隠居と謹慎を命じられました。また、伊達宗城と山内容堂も隠居を勧告されて、やむなくしたがっています。春嶽は幕府が天皇の許可を受けずに日米和親条約を締結したことについて、決められた登城日以外の日に登城して幕府を糾弾したのが直接の原因だと思われますが、あとの二人は原因がよく分かりません。じつはそれについて、伊達宗城が語った興味ぶかいエピソードがあります。

宗城によれば、安政の大獄は「全く井伊の了見に出たること」ですが、ほかに井伊を助けた者がいます。それは松平左兵衛督《さひょうえのかみ》で、同人が井伊に密告して「切迫の情」をひきおこしたのではないかと推測しています。松平左兵衛督というのは、上野吉井藩主の松平信発《のぶおき》です。現在の群馬県高崎市にあった一万石の小さな藩ですが、三代将軍家光の正室鷹司孝子の弟（一説には家光の弟忠長の遺腹の子ともいわれる）を祖とする家柄【注1】なので、殿席は格式の高い大名しか入れない江戸城の大廊下（松の廊下）に面した部屋をわりあてられています。

そもそもは安政の大獄がはじまるまえのことです。春嶽の屋敷で宗城と容堂の三人がいつものように会合していたところに、信発が緊急の用があるのでぜひお会いしたいといって訪ねてきました。取り次いだのは橋本左内です。

春嶽は、今日は機密の話もあるので面会をことわれと申し渡しました。しかしそれでも面会を求めたため、宗城が別に不都合もないからお会いされてもよいのではといったので、春嶽も面会をゆるしました。そこで信発が三人のいる席にやってきて、「お邪間に候」といったとき、酒宴で多少酔っていた容堂がいつもの調子で「貴公などこの席に来るべきにあらず。今日予等は謀反の機密相談を為すところなれば、直ちに退座せられて然るべし」と戯れたところ、信発はまじめに「左様の御席には拙者などの罷出《まかり》ずべき筈なし。御遠慮仕るべし」と応えたので、宗城は「何も差支なし、居るべし」と止めましたが、早々と退出されてしまいました。

宗城はそのあとで、容堂がいったのは失言だったと思ったのですが、もはやいかんともできずそのままにしていました。その後彼らの周囲に探索の動きがではじめたのは、おそらくはこの時のようすを報告されたのでしょう。のちに信発は手柄を褒められて刀を拝領したとのことです。【注2】

容堂の酒癖は有名です。彼はいつもの冗談のつもりで言ったことでしょうが、相手が悪かったので、宗城とともに隠居させられる羽目になってしまいました。

■注

第一章　華麗なる血脈

【注1】「一二八　山口不及殿様御直咄覚之記」鹿児島県史料　斉彬公史料第三巻　一四五頁

【注2】「薩侯の奢侈、活動将棋を試む（三谷撃壌）」山田三川著　小出昌洋編「想古録1」平凡社東洋文庫632　一〇五頁

【注3】「薩侯の悪戯、肥侯を困らす（池辺肇）」山田三川著　小出昌洋編「想古録2」平凡社東洋文庫634　二五九頁

【注4】松尾千歳「広大院―島津家の婚姻政策」鈴木彰・林匡編「島津重豪と薩摩の学問・文化」勉誠出版　二〇一五年　六七頁

【注5】「一心斉、馬上にて幕吏を鞭つ（矢野敬次）」山田三川著　小出昌洋編「想古録2」平凡社東洋文庫634　二四一頁

【注6】「暴君、暴を以て暴君の暴を圧す（篠崎甚右衛門）」山田三川著　小出昌洋編「想古録2」平凡社東洋文庫634　八四頁

【注7】「岡山侯の戯謔、薩侯を驚かす（篠崎甚七）」山田三川著　小出昌洋編「想古録1」平凡社東洋文庫632　六〇頁

【注8】大嶋陽一「鍋島直正と島津斉彬、そして鳥取池田家」佐賀城本丸資料館鍋島直正銅像完成記念特別展「直正と斉彬」図録　二〇一七年　四〇頁

第二章　天下泰平の時代

【注1】　薄井龍之「旧幕府の諸大名に関する慣例（続）」大正四年二月十四日　史談会速記録第二六八輯　原書房合本三七　一〇頁

【注2】　M・C・ペリー著　F・L・ホークス編纂　宮崎壽子監訳「ペリー提督日本遠征記　上」角川ソフィア文庫　一八七頁

【注3】　ファン・カッティンディーケ著　水田信利訳「長崎海軍伝習所の日々」平凡社東洋文庫26　一二二頁

【注4】　同書　一四五頁

【注5】　横井小楠著　花立三郎訳注「国是三論全訳注」講談社学術文庫　九頁

【注6】　中谷宇吉郎著「科学の芽生え」生活社日本叢書一二　一九四五年　四頁

【注7】　村田経芳述　若林玵蔵編「村田銃発明談」綿谷雪編「幕末明治実歴譚」青蛙房青蛙選書三七　一九七一年　一七九・一八九頁

第三章　斉彬藩主就任前の薩摩

【注1】　牧野伸顕序「島津斉彬言行録」岩波文庫青一二三—一　一八三頁

【注2】　市来四郎「薩摩国風俗沿革及国勢推移と来歴附二十六節」明治二六年一二月七日　史談会速記録第三四輯　原書房合本七　一二〇頁

【注3】渡部當忠「後藤三右衛門業績附二十七節」明治三二年六月二日　史談会速記録第八三輯　原書房合本一四　四三五頁

【注4】岩下方平「慶応三年丁卯十月小御所会議の事実附十一節」明治二五年一一月二日　史談会速記録第五輯　原書房合本一　第五輯二十三頁

【注5】市来四郎「薩隅日尊王論の大勢及尊王家勃興の事実附三十一節」明治二六年二月二二日　史談会速記録第八輯　原書房合本二　第八輯八一頁

【注6】市来四郎「薩摩国風俗沿革及国勢推移と来歴附二十六節」明治二六年一二月七日　史談会速記録第三四輯　原書房合本七　一三六頁

【注7】「一二四　風俗矯正酒会勝負事等ヲ禁ジ玉フ」の注　鹿児島県史料　斉彬公史料第一巻　四九〇頁

第四章　斉彬の人物像

【注1】島津家事蹟訪問録（続）「故伊達従一位（宗城）ノ談話」史談会速記録第一七六輯　原書房合本二六　二七一頁

【注2】島津家事蹟訪問録「斉彬公に対せられたる感情」史談会速記録第一六〇輯　原書房合本二三　四三六頁

【注3】島津家事蹟訪問録「機屋設立に就て春嶽公へ戒言ありし御話及び反射炉の事」史談会速記録第一六〇輯　原書房合本二三　四四〇頁

【注4】島津家事蹟訪問録「順聖公の美徳を称讃し玉いし御話」史談会速記録第一六〇輯　原書房合本

二三　四三八頁

【注5】沼田次郎・荒瀬進共訳「ポンペ日本滞在見聞記」雄松堂書店新異国叢書一〇　一九六八年　二五八頁

【注6】「二二五　質素節倹並衣服ノ制度ヲ立ラル」鹿児島県史料　斉彬公史料第一巻　四九一頁

【注7】島津家事蹟訪問録「順聖公の美徳を称讃し玉いし御話」史談会速記録第一六〇輯　原書房合本二三　四三九頁

【注8】市来四郎「薩隅日尊王論の大勢及尊王家勃興の事実附三十一節」明治二六年二月二二日　史談会速記録第八輯　原書房合本二　第八輯一〇六頁

【注9】同書　第八輯一〇七頁

【注10】沼田次郎・荒瀬進共訳「ポンペ日本滞在見聞記」雄松堂書店新異国叢書一〇　一九六八年　二五九頁

【注11】ファン・カッテインディーケ著　水田信利訳「長崎海軍伝習所の日々」平凡社東洋文庫26　九九頁

【注12】三原経備「島津斉彬公の事蹟並三原経備君御側勤役中の事実附八節」明治三六年三月二八日　史談会速記録第一二七輯　原書房合本一九　五三〇頁

【注13】本田孫右衛門「島津斉彬公逸事問答数條」明治三七年一一月一〇日　史談会速記録第一六九輯　原書房合本三七　六五頁

第五章　藩主就任

【注1】川南盛謙「島津斉彬公逸事及川南盛謙君の事歴附三十節」明治三七年一〇月二九日　史談会速記録第一四九輯　原書房合本二二　一三三頁

【注2】市来四郎「故薩摩藩士中山中左衛門君の国事鞅掌の来歴附二十五節」明治二六年一〇月一六日史談会速記録第一八輯　原書房合本四　三二頁

【注3】川南盛謙「島津斉彬公の逸事附川南盛謙君の事歴附二十九節附島津家にて製造せし銃砲の図」（寺師宗徳による附言）明治三八年三月九日　史談会速記録第一五三輯　原書房合本二二　四二九頁

【注4】市来四郎「薩隅日尊王論の大勢及尊王家勃興の事実附三十一節」明治二六年二月二二日　史談会速記録第八輯　原書房合本二　第八輯八四頁

【注5】芳即正「島津斉彬」吉川弘文館人物叢書新装版　八三頁

【注6】川南盛謙「島津斉彬公逸事及川南盛謙君の事歴附三十節」明治三七年一〇月二九日　史談会速記録第一四九輯　原書房合本二二　一三四頁

【注7】同書　一三九頁

【注8】市来四郎「薩隅日尊王論の大勢及尊王家勃興の事実附三十一節」明治二六年二月二二日　史談会速記録第八輯　原書房合本二　第八輯八六頁

【注9】川南盛謙「島津斉彬公逸事及川南盛謙君の事歴附三十節」明治三七年一〇月二九日　史談会速記録第一四九輯　原書房合本二二　一三六頁

【注10】川南盛謙「島津斉彬公の逸事附川南盛謙君の事歴附二十九節附島津家にて製造せし銃砲の図」明治三八年三月九日　史談会速記録第一五三輯　原書房合本二二　四三一頁

【注11】東郷実政「東郷実政君経歴談附三十六節」明治三八年五月二四日　史談会速記録第一五三輯　原書房合本二二　四四五頁

【注12】同書　四四七頁
【注13】三原経備「島津斉彬公の事蹟並三原経備君御側勤役中の事実附八節」明治三六年三月二八日　史談会速記録第一二七輯　原書房合本一九　五二四頁
【注14】川南盛謙「島津斉彬公逸事及川南盛謙君の事歴附三十節」明治三七年一〇月二九日　史談会速記録第一四九輯　原書房合本二二　一三五頁
【注15】牧野伸顕序「島津斉彬言行録」岩波文庫青一三三―一　七七頁
【注16】島津家事蹟訪問録（続）「男爵細川潤次郎君ノ談話　島津斉彬公逸事談」明治二一年七月一一日　史談会速記録第一八二輯　原書房合本二七　二二六頁

第六章　斉彬のマネジメント術
【注1】本田孫右衛門「島津斉彬公逸事問答数條」明治三七年一一月一〇日　史談会速記録第一六九輯　原書房合本三七　六八頁
【注2】同書　六九頁
【注3】「二四九　黒田長溥公市来廣貫へ御親話（明治一八年春）」鹿児島県史料　斉彬公史料第三巻　三二八頁
「大隅守ハ正直ノミノ人ニテ、一篇ニ聞込ムト信用シテ疑念ナキ人ナリ、何分口上ガ下手故咄ガ少ク、逢フテモ取付ガ悪シキ人ナリ」
【注4】本田前掲書　七一頁

【注5】川南盛謙「島津斉彬公逸事及川南盛謙君の事歴附三十節」明治三七年一〇月二九日　史談会速記録第一四九輯　原書房合本二二　一三五頁
【注6】川南盛謙「明治三十七年十一月例会に於て川南盛謙君と一座の諸君との談話」史談会速記録第三二八輯　原書房合本四一　二六三頁
【注7】本田前掲書　七二頁
【注8】本田前掲書　六四頁
【注9】本田前掲書　六三頁
【注10】川南盛謙「明治三十七年十一月例会に於て川南盛謙君と一座の諸君との談話」史談会速記録第三二八輯　原書房合本四一　二六〇頁
【注11】「JR貨物、旧国鉄時代の「お荷物」から浮上　外部人材登用し意識改革」日経ビジネス電子版二〇二〇年三月六日
【注12】川南前掲書　二五九頁
【注13】重野安繹・小牧昌業著「薩藩史談集」歴史図書社　一九六八年　五二四頁
【注14】川南前掲書　二五九頁
【注15】川南前掲書　二六〇頁

第七章　調練
【注1】桐野作人「薩摩人国誌　幕末・明治編」南日本新聞社　二〇〇九年　五頁

郵 便 は が き

料金受取人払郵便

鹿児島東局承認

207

差出有効期間
2026年1月
24日まで
切手を貼らずに
お出し下さい

892-8790

168

鹿児島市下田町二九二―一

図書出版
南方新社 行

ふりがな 氏 名		年齢 歳
住 所	郵便番号 −	
Eメール		
職業又は学校名		電話（自宅・職場） （ ）
購入書店名（所在地）		購入日 月 日

書名　（　　　　　　　　　　　　　　　　　　　）愛読者カード

本書についてのご感想をおきかせください。また、今後の企画についてのご意見もおきかせください。

本書購入の動機（○で囲んでください）

A　新聞・雑誌で　（紙・誌名　　　　　　　　　　）

B　書店で　C　人にすすめられて　D　ダイレクトメールで

E　その他　（　　　　　　　　　　　　　　　　　）

購読されている新聞，雑誌名

新聞　（　　　　　　　　　）　雑誌　（　　　　　　　　　）

直接購読申込欄

本状でご注文くださいますと、郵便振替用紙と注文書籍をお送りします。内容確認の後、代金を振り込んでください。（送料は無料）		
書名		冊
書名		冊
書名		冊
書名		冊

【注2】三原経備「島津斉彬公の事蹟並三原経備君御側勤役中の事実附八節」明治三六年三月二八日　史談会速記録第一二七輯　原書房合本一九　五二七頁
【注3】本田孫右衛門「島津斉彬公逸事問答数條」明治三七年一一月一〇日　史談会速記録第一六九輯　原書房合本三七　六六頁
【注4】島津家事蹟訪問録（続）「故伊達従一位（宗城）ノ談話」史談会速記録第一七六輯　原書房合本二六　二七三頁
【注5】三原前掲書　五二八頁
【注6】「市来四郎翁之伝（十四）」史談会速記録第一三八輯　原書房合本二一　一〇六頁
【注7】川南盛謙「島津斉彬公逸事及川南盛謙君の事歴附三十節」明治三七年一〇月二九日　史談会速記録第一四九輯　原書房合本二二　一三〇頁
【注8】三原前掲書　五二六頁
【注9】「市来四郎翁之伝（五）」史談会速記録第一二八輯　原書房合本二〇　五八頁

第八章　情報ネットワーク
【注1】岡田章雄訳「エルギン卿遣日使節録」雄松堂書店新異国叢書九　一九六八年　五八頁
【注2】寺師宗徳「旧功者事蹟取調の報告附十五節」明治二九年九月一二日　史談会速記録第四八輯　原書房合本九　一五一頁
【注3】同書　一五四頁

【注4】村山鎮「大奥秘記」柴田宵曲篇「体験談聞書集成　幕末の武家」青蛙房　二〇〇七年新装版　五五頁

【注5】古河歴史博物館編著「鷹見泉石日記第四巻」吉川弘文館　二〇〇二年

「高橋栄格え御手焼雪花御茶碗、別儀御茶一壺被下候付遣」一三九頁

「栄格より御手焼御茶碗箱蓋御書付願」一四〇頁

【注6】宮本仲「佐久間象山（増訂版）」岩波書店　一九四〇年　三三二頁

【注7】同書　三二〇頁

【注8】富山市埋蔵文化財センターホームページ「江戸富山藩邸の暮らし・行事」『大名の交際』

【注9】宮本前掲書　三三〇頁

【注10】寺師前掲書　一二八頁

【注11】松下愛「松代藩の絵師・三村家三代」松代藩文化施設管理事務所　真田宝物館企画展「松代藩の絵師―三村晴山―」図録　一四頁

【注12】江藤淳・松浦玲編「勝海舟　氷川清話」講談社学術文庫一四六三　二八頁

【注13】島津家事蹟調査訪問録「故伯爵勝安房君談話記事」明治二一年六月六日　史談会速記録第一六二輯　原書房合本二四　八七頁

【注14】同書　八八頁

【注15】稲垣史生編「三田村鳶魚　江戸武家事典」青蛙房　一九五八年　八八頁

【注16】松浦玲「勝海舟」筑摩書房　二〇一〇年　四八頁

【注17】本田孫右衛門「島津斉彬公逸事問答数條」明治三七年一一月一〇日　史談会速記録第一六九輯

原書房合本三七　五五頁
【注18】前掲「故伯爵勝安房君談話記事」八八頁
【注19】前掲「勝海舟　氷川清話」二六頁
【注20】前掲「故伯爵勝安房君談話記事」八八頁
【注21】島津家事蹟調査訪問録「故伯爵勝安房君談話記事（続）」明治二一年六月六日　史談会速記録第一六四輯　原書房合本二四　二八二頁
【注22】寺師前掲書　一三四頁
【注23】寺師前掲書　一三一頁
【注24】寺師前掲書　一二八頁
【注25】宮本前掲書　三二二頁

第九章　諸大名との交流
【注1】福地源一郎著　石塚裕道校注「幕府衰亡論」平凡社東洋文庫八四　六頁
【注2】同書　五頁
【注3】「二四八　参考江夏干城記事抄」鹿児島県史料　斉彬公史料第三巻　三二六頁
【注4】本田孫右衛門「島津斉彬公逸事問答数條」明治三七年一一月一〇日　史談会速記録第一六九輯　原書房合本三七　五五頁
【注5】久住真也「幕末の将軍」講談社選書メチエ四三三　二四頁

【注6】島津家事蹟訪問録（続）「故竹中兼和君ノ談話」史談会速記録第一七五輯　原書房合本二六
一八六頁
【注7】同書　一八五頁
【注8】船越衛「文久三年長州兵馬関にて薩州商船撃沈事件」明治四四年七月一〇日温知会講演「維新史料編纂会講演速記録二」マツノ書店　二〇一一年復刻　一〇二頁
【注9】本田前掲書　七〇頁
【注10】本田前掲書　六九頁（寺師宗徳の談話）
【注11】深井雅海「図解　江戸城をよむ」原書房　一九九七年　一八頁
【注12】加藤貴校注「徳川制度（中）」（因州家の騒擾）　岩波文庫青四九六―二　四四七頁

第一〇章　身分の壁

【注1】原口虎雄「幕末の薩摩」中公新書　一三頁
【注2】「二四九　黒田長溥公市来廣貫へ御親話（明治一八年春）」鹿児島県史料　斉彬公史料第三巻
三二八頁
【注3】早川勇「筑前藩勤王論の首唱及び薩長聯合の由来附四十一節」明治三一年一〇月九日　史談会速記録第二三輯　原書房合本三二　一六五頁
【注4】「明治二六年五月九日勝伯と寺師宗徳君との談話」史談会速記録第三一四輯　原書房合本四〇
四一九頁

【注5】東郷実政「東郷実政君経歴談附三十六節」明治三八年五月二四日　史談会速記録第一五三輯　原書房合本二二　四四四頁
【注6】前掲斉彬公史料第三巻　三二八頁
【注7】島津家事蹟訪問録（続）「男爵細川潤次郎君の談話」史談会速記録第一八二輯　原書房合本二七　二二八頁
【注8】司馬遼太郎対話選集3「歴史を動かす力」（織田信長・勝海舟・田中角栄）文春文庫し1―二二二―七頁
【注9】「四〇　両番頭へ学問ノ要旨其他訓令」鹿児島県史料　斉彬公史料第二巻　七三頁
「進物贈答ノ儀、今以テ聞得ノ趣モ有之候、上ニ立ツ役々受納不致候ヘハ、自然ト相止ム道理ニ候間、心得違無之様、急度可相心得候、無用ノ参会、是又同様ノ事ニ候」
【注10】阪井重季「維新当時の実歴」大正三年十月二一日温知会講演「維新史料編纂会講演速記録三」マツノ書店　二〇一一年復刻　二七九頁
【注11】市来四郎「故薩摩藩士中山中左衛門君の国事鞅掌の来歴附二十五節」明治二六年一〇月一六日史談会速記録第一八輯　原書房合本四　三二一頁
【注12】「大正一五年五月一五日の例会に於ける文学士藤井甚太郎君の「徳川慶喜公の御直話」に就て」史談会速記録第三六〇輯　原書房合本四二　四〇七頁
【注13】前掲「明治二六年五月九日勝伯と寺師宗徳君との談話」四一五頁
【注14】巌本善治編　勝部真長校注「新訂海舟座談」（明治二九年一〇月二一日）岩波文庫青一〇〇―一

二〇一頁

第十一章　斉彬の死と安政の大獄

【注1】沼田次郎・荒瀬進共訳「ポンペ日本滞在見聞記」雄松堂書店新異国叢書一〇　一九六八年　二五八頁

【注2】市来四郎「薩摩藩主月照法師の隠匿を密命したる事実附十八節」明治二六年一〇月二七日　史談会速記録　原書房合本三　第一六輯二七頁

【注3】島津家事蹟訪問録「従一位伊達宗城君談話」史談会速記録第一六八輯　原書房合本二五　六五頁

【注4】同書　六七頁

【注5】「二四九　黒田長溥公市来廣貫へ御親話（明治一八年春）」鹿児島県史料　斉彬公史料第三巻　三二八頁

【注6】「島津斉彬公之事」戸川安宅編「旧幕府」第四巻第三号　マツノ書店　二〇〇三年復刻「旧幕府四」六三二頁

【注7】同書　六三三頁

【注8】早稲田大学百年史編集所監修「大隈伯昔日譚」明治文献　一九七二年　四六頁

【注9】同書　六一頁

【注10】「大正十四年一月十一日の例会に於ける外崎覚君の九州地方の旅行に関する談話」史談会速記録第三四九輯　原書房合本四二　一三八頁

●コラム

芋虫をつまんで女中を追いかけ、女湯に乱入

【注1】　本田孫右衛門「島津斉彬公逸事問答数條」明治三七年一一月一〇日　史談会速記録第一六九輯
原書房合本三七　七二頁

芋の皮

【注1】　本田孫右衛門「島津斉彬公逸事問答数條」明治三七年一一月一〇日　史談会速記録第一六九輯
原書房合本三七　六六頁

容堂の冗談で二人が隠居に

【注1】　中村忠誠「盤錯秘談　吉井世譜」戸川安宅編「旧幕府」第四巻第八号　マツノ書店　二〇〇三年
復刻「旧幕府五」一九五頁

「吉井家の濫觴（はじまり）を考るに、鷹司氏より出づ。姓は藤原朝臣、太祖覚性公、諱は信平。鷹司太閤信房卿の第四子にして、大将軍大猷公（家光）の夫人満媛の弟なり。相伝う、覚性公実は駿河大納言（忠長、東照公の孫：原注）遺腹の子なり。大猷公之を憐み、為に簾中の里方に託して、之を育はしむ。固て鷹司家の子となる。武鑑に唯太閤男と書せるは、真の子に非る故なり。（故太夫小林随軒の話：原注）」

【注2】　島津家事蹟訪問録「従一位伊達宗城君談話」史談会速記録第一六八輯　原書房合本二五　六八頁

■参考文献

尚古集成館「島津斉彬の挑戦—集成館事業—」尚古集成館　二〇〇三年
松尾千歳「島津斉彬」戎光祥出版　二〇一七年
池田俊彦「島津斉彬公伝」中公文庫　一九九四年
芳　即正「島津斉彬」吉川弘文館　一九九三年
鮫島志芽太「島津斉彬の全容」ぺりかん社　一九八九年
村野守治編「島津斉彬のすべて　新装版」新人物往来社　二〇〇七年
芳　即正「島津重豪」吉川弘文館　一九八八年
島津修久「島津歴代略記」島津顕彰会　一九八五年
島津修久「島津義弘の軍功記　増補改訂版」島津顕彰会　二〇〇〇年
桐野作人「関ヶ原島津退き口」学研新書　二〇一〇年
安藤　保「郷中教育と薩摩士風の研究」南方新社　二〇一三年
林　吉彦「薩藩の教育と財政並軍備」第一書房　一九八二年
北川鐵三「薩摩の郷中教育」鹿児島県立図書館　一九七二年
松本彦三郎「郷中教育の研究」尚古集成館　二〇〇七年
堺屋太一「第三の敗戦から立ち直れるか」『正論』平成三〇年一一月号

おわりに

島津斉彬について書かれた書物をよむと、まるで完全無欠の人格者のようです。西郷隆盛が「お天道様のようなお方だった」と語ったことは有名ですし、斉彬に親しく接していた松平春嶽や伊達宗城も斉彬の人格識見をほめたたえています。島津斉彬を称讃しない人はいないといっても過言ではありません。では、彼らは斉彬のどのような行動どのような発言でそのように思ったのか、それを知りたくて史談を渉猟してきました。

江戸で生まれ暮らしたのち藩主となって帰国した斉彬がみたのは、生活に苦しんでいながら意地をはって暮らしている城下士や、無学を恥とかんがえない藩の官僚たちでした。そのような人々を変えたもの、それは斉彬の「人間力」だったと思います。

日本を西欧列強から守るために私利私欲なく仕事に全力集中し、なにごとも率先垂範していく。はばひろく情報網をめぐらせ現場をよく知り、わけへだてなく部下に接し、指示はつねに具体的で成果をあげれば自らほうびを手わたす。列強の脅威から国を守るために軍隊の調練はきびしいが、終われば兵士たちをねぎらっていっしょにふかし芋を食べる。陽気で公平、話をよく聞き相手を否定せずに教えさとす、部下は各人の長所をみて適所にもちいる……。当代一の名君といわれたわけがよくわかります。しかしその一方で、芋虫をつまんで女中を追いかけるといういたずらっ子のようなところもあり、同じ人間なんだとすこしホッとさせるエピソードもありました。

自分の疑問を解決しようとしてはじめたことでしたが、さまざまな人たちの話を集めてまとめる作業をおこなったことで、島津斉彬という人物が少し身近になった気がしています。

この本を書くにあたっては、島津家の博物館である尚古集成館の田村省三前館長、松尾千歳館長、学芸員の小平田史穂ならびに福元啓介の両氏および仙巌園学芸員の岩川拓夫氏にさまざまなアドバイスや資料作成のご協力をいただきました。心より感謝し、御礼申し上げます。

■著者プロフィール

安川周作（やすかわ　しゅうさく）

1953年生まれ、兵庫県神戸市出身。

京都大学法学部卒業後日本興業銀行（現みずほ銀行）に入行、2003年より千葉黎明高校（千葉県八街市）に出向し4年間校長を務める。その後株式会社アンビシャス専務を経て、2010年より株式会社島津興業に勤務。

現在は専務取締役として島津家別邸仙巌園を統括するかたわら、放送大学非常勤講師となり鹿児島学習センターの面接授業「島津斉彬の集成館事業」を共同担当、斉彬の人材育成やマネジメントについての講義を行う。

著書『校長は興銀マン』（学事出版）

語られた歴史
島津斉彬

二〇二一年三月一五日　第一刷発行

著　者　安川周作
発行者　向原祥隆
発行所　株式会社　南方新社
〒八九二―〇八七三
鹿児島市下田町二九二―一
電話〇九九―二四八―五四五五
振替口座〇二〇七〇―三―二七九二九
URL　http://www.nanpou.com/
e-mail　info@nanpou.com

印刷・製本　株式会社イースト朝日
定価はカバーに印刷しています
乱丁・落丁はお取替えします
ISBN978-4-86124-443 C0021